¡Exprésate!
para hispanoha

HOLT SPANISH 2

¡Exprésate!

HOLT, RINEHART AND WINSTON

A Harcourt Education Company

Orlando • **Austin** • New York • San Diego • Toronto • London

Author of Lecturas

Sylvia Madrigal Velasco

ISBN 0-03-079706-3

7 8 9 170 10 09 08

Contenido

Contenido

Capítulo 9

Capítulo 10

Carta al estudiante

Queridos estudiantes:

Es posible que a veces se sientan perdidos en la clase de español. Entienden muchas cosas por completo y pueden comunicarse con fluidez con miembros de la familia y amistades, pero no conocen las reglas de la gramática o de la puntuación. Es posible que no hayan leído obras literarias, ni escrito composiciones o trabajos de investigación en español. Y sin embargo, su dominio de la lengua supera el de sus compañeros de clase. Los libros de texto que les sirven a ellos, pueden ser bastante fáciles para ustedes y por esa razón, se aburren.

Ustedes poseen las bases de un idioma que pueden reclamar como suyo. Un idioma que representa hoy en día una fuerza potente en el desarrollo de la economía global.

Estas bases que ustedes ya tienen deben cuidarse, desarrollarse y usarse con frecuencia.

Para fomentar el desarrollo de su idioma es importante encontrar cosas para leer que les interesen y que sean divertidas. También es buena práctica alquilar videos hechos en España o América Latina, y escuchar música cantada en español.

Al mismo tiempo que se estén divirtiendo con la lectura, las películas y música deben trabajar para entender las herramientas del idioma: el vocabulario y la gramática del español. Este esfuerzo será premiado con el dominio de un idioma que les permitirá la entrada al mundo hispanohablante a nivel global.

Esperamos que **¡Exprésate! para hispanohablantes** sea para ustedes el mejor punto de partida.

El equipo editorial de HRW

Acerca de los capítulos

Cada capítulo de *¡Exprésate! para hispanohablantes* está dividido en dos partes: *Enfoque básico* y *Un paso más.* La sección *Enfoque básico* sigue la misma estructura de tu libro de texto, *¡Exprésate!* Aquí tienes lecturas y actividades que te ayudarán a reforzar lo que has aprendido anteriormente. La sección *Un paso más* es exactamente eso: Un paso hacia la mejor comprensión del idioma. Con actividades de vocabulario y gramática, y lecturas y ejercicios de escritura que van un poco más allá del contenido de tu libro de texto, esta sección puede ser usada por los estudiantes que pueden trabajar independientemente.

Enfoque básico

Las páginas de **GeoVisión** y **VideoCultura** de cada capítulo están relacionadas con el video de *¡Exprésate!* Debes ver la sección correspondiente del video para cada capítulo. **Antes de ver** es una sección que te ayudará a pensar en lo que vas a ver en el video. Después que completes **Antes de ver,** pon el videocasete, goza de sus imágenes y sonidos, y completa la sección **Después de ver.**

En Enfoque básico hay dos secciones de **Vocabulario** con actividades que corresponden a las presentaciones en tu libro de texto. A cada una de estas le sigue una sección de **Gramática**. **Leamos** es una lectura corta basada en un tema cultural. La sección **Escribamos** está basada en la estrategia presentada en tu libro de texto.

Un paso más

Antes de leer: En esta sección vas a adquirir algunas estrategias que pueden ayudarte con las Lecturas.

Vocabulario: Aquí vas a desarrollar tu vocabulario con actividades de formación y análisis de palabras.

Lecturas: ¡Estas lecturas son divertidas! Lee cada una de ellas la primera vez para que te enteres de lo que es fundamental. Luego lee cada historia de nuevo, con más cuidado, para asegurarte de que entendiste los detalles. En los capítulos del 5 al 10, las historias están ligadas y es importante entender las versiones de los diferentes personajes de cada capítulo antes de pasar al capítulo siguiente.

La sección **¿Qué piensas tú?** te ayudará a explorar tus reacciones y a expresar tus opiniones.

Ortografía: Aquí encontrarás pistas y consejos para deletrear y escribir en español.

Gramática: En esta sección trabajarás con temas de gramática que te ayudarán a mejorar tu expresión escrita.

Vamos a escribir: Aquí vas a escribir composiciones basadas en temas relacionados con las lecturas.

La vida profesional: El enfoque de esta sección es el uso del español en la vida profesional. Te dará una pequeña visión del uso del idioma en el contexto del trabajo.

Esperamos que nuestro libro, ahora tuyo, te ayude.

¡Buena suerte!

El equipo editorial de HRW

Nombre _____ Fecha _____

Enfoque básico

 GeoVisión *Ciudad de México*

Antes de ver

A. ¿Qué sabes de la Ciudad de México? ¿Reconoces los edificios en las fotos? Primero, identifica qué tipo de edificio es: iglesia, escuela, museo, teatro, palacio, o biblioteca. Luego, escribe una oración descriptiva sobre cada edificio. Consulta una enciclopedia si te hace falta.

     1.   2.   3.

1. _____

2. _____

3. _____

Después de ver

B. Ahora, identifica cada edificio con su nombre oficial. Escribe los nombres en los espacios en blanco a continuación.

Catedral Metropolitana	Palacio Nacional	Museo Nacional de Antropología
Palacio de Bellas Artes	Universidad Autónoma Nacional de México	Templo Mayor

  1._____   3._____

  2._____

C. Empareja cada lugar con su descripción a la derecha.

_____ 1. Xochimilco   **a.** Es la universidad más grande de América Latina.

_____ 2. Palacio Nacional   **b.** La Catedral Metropolitana está aquí.

_____ 3. Plaza de la Constitución   **c.** Fue el centro religioso del imperio azteca.

_____ 4. Ciudad de México   **d.** Es una zona turística que tiene canales de agua.

_____ 5. Templo Mayor   **e.** Es la capital de México.

_____ 6. Catedral Metropolitana   **f.** El Presidente trabaja aquí.

_____ 7. UNAM   **g.** Hernán Cortés empezó a construirla en 1524.

1 Vocabulario
en acción 1

Prefijos y sufijos en nombres de parentesco

- Los prefijos son grupos de letras que se anteponen a una palabra para formar una nueva. Existen varios prefijos en nombres de parentesco, como por ejemplo, **bis**nieto y **tatara**buelo.

  bis *(dos)* + abuela ➤ **bisabuela** la madre de la abuela

  com *(con)* + padres ➤ **compadres** el padre y el padrino

  con *(con)* + cuñado ➤ **concuñado** el cuñado del hermano o el esposo del cuñado

  tatara *(más allá de)* + nieto ➤ **tataranieto** el hijo del bisnieto

- Los sufijos son grupos de letras que se colocan al final de una palabra para modificar su significado. Dos sufijos utilizados en la formación de nombres de parentesco son **-ino(a)** y **-astro(a)**.

  padre + **ino** ➤ **padrino** protector que ayuda en un sacramento

  hermana + **astra** ➤ **hermanastra** la hija del esposo de la madre o de la esposa del padre

1. Completa las definiciones con las palabras del cuadro.

madrina	hijastra	padrastro	tatarabuelo	consuegro
bisnieto	comadre	concuñada	hermanastro	tataranieta

1. El nuevo esposo de mi madre es mi _____.

2. El hijo de mi nieto es mi _____.

3. Mi _____ me tuvo en brazos en mi bautizo.

4. El abuelo de mi abuelo es mi _____.

5. El hijo de mi madrastra es mi _____.

6. La esposa del hermano de mi esposo es mi _____.

7. La hija de mi esposa es mi _____.

8. La nieta de mi nieta es mi _____.

9. El padre de mi esposo es el _____ de mi padre.

10. Mi madrina es la _____ de mi madre.

Nombre _____ Fecha _____

2. Contesta las preguntas a continuación con base en este árbol genealógico.

1. ¿Quién es el tataranieto de Alberto? _____

2. ¿Quién es la concuñada de Eduardo? _____

3. ¿Quién es el bisabuelo de Teresa? _____

4. ¿Qué son Teresa y Andrea? _____

5. ¿Qué son Blanca y Ana? _____

6. ¿Quién es la madrastra de Teresa? _____

7. ¿Quién es el bisnieto de Ricardo? _____

8. ¿Qué son Eduardo y Ricardo? _____

3. Completa las oraciones para describir las personas de tu familia o de una familia famosa.

1. Mi bisabuelo se llamaba _____ y era

   _____.

2. Mi madre/madrastra tiene los ojos _____.

3. A mi hermano/hermanastro le gusta _____.

4. Mi madrina es _____.

5. Mi primo mayor tiene pelo _____.

6. El compadre de mi padre es _____.

4. En una hoja aparte, dibuja el árbol genealógico de tu familia o de una familia famosa. Procura incluir el mayor número de miembros posible y el parentesco que tienen.

Gramática
en acción **1**

◆ Género, adjetivos y verbos como gustar

◆ La terminación de los sustantivos no siempre indica su género. Hay sustantivos femeninos que no terminan en **-a: la madre, la radio, la mano, la modelo.** También hay sustantivos masculinos que no terminan en **-o: el problema, el mapa, el violinista, el fantasma.** Es por medio del artículo (**el** o **la**) que se puede hacer la distinción entre femenino y masculino: **la testigo, el astronauta.**

◆ Los adjetivos concuerdan con el sustantivo en género y número: **casas blancas.** Si hay varios sustantivos de distintos géneros y sólo un adjetivo, éstos concuerdan en masculino y plural: **tienda y restaurante baratos.**

◆ Aunque generalmente el adjetivo se coloca después del sustantivo, aquellos que señalan orden o cantidad siempre se colocan delante: **mucha comida, primeros pasos.** Algunos adjetivos tienen forma abreviada cuando se colocan antes del sustantivo: **buen hijo, mal día, gran idea.**

◆ El verbo **gustar** tiene una estructura especial pues concuerda con el objeto lógico.

    sujeto lógico   objeto lógico

        ↓   ↓

    Me + gustan + los videojuegos.

◆ Hay muchos verbos como **gustar**, entre ellos, **aburrir, agradar, disgustar, encantar, fascinar, fastidiar, indignar, molestar.**

5. Completa cada oración con la forma correcta del adjetivo entre paréntesis.

1. Mis hermanos son muy _____. (atlético)

2. La _____ violinista Chang va a dar un concierto. (grande)

3. Mi primo y mi sobrina son _____. (moreno)

4. La modelo es _____; mide seis pies. (alto)

5. Felipe es un _____ hermano. (bueno)

6. Tengo _____ primos y primas. (mucho)

6. Combina palabras de cada cuadro para formar seis oraciones. Escríbelas en una hoja aparte.

me	les
te	os
le	nos

encanta	molesta
aburre	agradan
fascinan	disgustan

el ajedrez	los exámenes
correr	la música clásica
los deportes	las novelas

ENFOQUE BÁSICO

Gramática en acción 1

◆ El tiempo presente de los verbos regulares y verbos con cambios en la raiz

◆ Para conjugar cualquier verbo regular en el tiempo presente, se le añaden las siguientes terminaciones a la raíz.

	Infinitivo en -ar **amar**	Infinitivo en -er **comer**	Infinitivo en -ir **escribir**
yo	am**o**	com**o**	escrib**o**
tú	am**as**	com**es**	escrib**es**
usted, él, ella	am**a**	com**e**	escrib**e**
nosotros(as)	am**amos**	com**emos**	escrib**imos**
vosotros(as)	am**áis**	com**éis**	escrib**ís**
ustedes, ellos, ellas	am**an**	com**en**	escrib**en**

◆ En el tiempo presente, algunos verbos sufren cambios entre las vocales de la raíz como **o ➔ ue, u ➔ ue, e ➔ ie: poder- puedes, jugar-juegan, cerrar-cierro.** Estos cambios ocurren en todas las formas excepto en la primera y segunda personas del plural: **nosotros podemos, vosotros jugáis.** Algunos verbos con cambios en la raiz son:

(o ➔ ue) **acostar, almorzar, costar, doler, dormir, encontrar, llover, poder, recordar, soñar**
(e ➔ ie) **comenzar, empezar, pensar, perder, preferir, querer, recomendar, sentir**

◆ Un verbo donde a muchos hispanohablantes se les olvida alternar las vocales es **apretar: aprieto, aprietas, aprieta, apretamos, apretáis, aprietan.**

7. Completa el párrafo con las formas correctas de los verbos entre paréntesis.

Todos los días, Alberto (1) _____(comenzar) el día temprano. A las seis él

(2) _____(correr) dos millas y luego (3) _____(asistir) a clases.

Sus amigos y él (4) _____(almorzar) en la cafetería donde también

(5) _____ (jugar) al ajedrez. Después de clases, Alberto

(6) _____(dormir) una siesta y (7) _____ (estudiar). Él

siempre (8) _____(preferir) estudiar antes de cenar. Por la noche, Alberto y

yo (9) _____(ver) tele y a las diez, nos (10) _____(acostar).

8. En una hoja aparte, escribe seis oraciones sobre lo que tus amigos hacen los fines de semana. Usa seis de estos verbos en el tiempo presente: **traer, jugar, dormir, preferir, poder, almorzar, escuchar, querer.**

ENFOQUE BÁSICO

Nombre _____ Fecha _____

Gramática en acción 1

◆ El tiempo presente de verbos con cambios en la raiz e→i, verbos irregulares, pronombres reflexivos

◆ El cambio **e→i** sólo ocurre en algunos verbos en **-ir: freír, medir, pedir, reír, seguir, servir, vestir.** La primera y segunda personas del plural llevan **e** y las demás formas llevan **i.**

yo	pido	nosotros(as)	pedimos
tú	pides	vosotros(as)	pedís
usted, él, ella	pide	ustedes, ellos, ellas	piden

◆ Algunos verbos tienen forma irregular en la primera persona del singular.

dar→doy	decir→digo	tener→tengo
caber→quepo	poner→pongo	traer→traigo
caer→caigo	saber→sé	valer→valgo
hacer→hago	salir→salgo	venir→vengo

◆ Los pronombres reflexivos son **me, te, se, nos, os, se.** Se utilizan cuando el sujeto y el complemento son la misma persona: Juan **se** baña. (Juan baña a Juan).

Uso reflexivo	Uso transitivo
Te peinas.	A ti **te** peina tu mamá.
Los niños **se** lavan las manos.	**Se** las lavamos a ellos.
Héctor **se** despierta temprano.	Despierta **a Héctor.**
Tengo que secar**me** el pelo.	El peluquero **me** seca el pelo.

9. Marca con una X las oraciones que contengan un pronombre reflexivo.

_____ **1.** ¿Cuántas veces al día te lavas los dientes?

_____ **2.** Mariana le pone los zapatos a su muñeca.

_____ **3.** Voy a despertarte a las siete y media.

_____ **4.** No quiero secarme el pelo con la secadora.

_____ **5.** No me maquilles los ojos.

_____ **6.** Víctor se afeita mientras se ducha.

_____ **7.** Los niños se están poniendo los piyamas.

_____ **8.** A mí me corta el pelo mi tía Rosa.

_____ **9.** Todas las mañanas el perrito nos despierta.

_____**10.** Nos vestimos después de desayunar.

Nombre _____ Fecha _____

10. Escribe de nuevo las oraciones, cambiando los sujetos **en negrita** por **yo**.

MODELO **Juan** tiene pelo castaño.
<u>**Yo tengo pelo castaño.**</u>

1. En los restaurantes **Sandra** siempre pide pollo asado.

   _____

2. **Ella** nunca fríe la comida.

   _____

3. **Los amigos** vienen a las ocho.

   _____

4. **Pablo** pone la mesa y sirve la comida.

   _____

5. **Nosotros** no cabemos en el carro.

   _____

6. **Tú** traes el postre, ¿verdad?

   _____

11. Contesta las siguientes preguntas.

1. ¿Cómo son tus primos?

   _____

2. ¿Qué te aburre?

   _____

3. ¿A qué hora te despiertas?

   _____

4. ¿Qué haces por las tardes?

   _____

5. ¿Con quién sales los sábados?

   _____

6. ¿Qué traes a la clase de español?

   _____

7. ¿A qué juegas con tus amigos?

   _____

8. ¿Dónde prefieres hacer la tarea?

   _____

ENFOQUE BÁSICO

Nombre _____ Fecha _____

1

VideoCultura *Comparaciones*

Antes de ver

A. ¿Qué idiomas se enseñan en tu colegio? ¿Crees que es importante aprender varios idiomas? Explica tu respuesta.

_____

_____

_____

_____

Después de ver

B. Contesta las siguientes preguntas sobre los entrevistados.

_____1. ¿Por qué estudia Alejandro el portugués?
   a. Porque su novia es de Brasil.
   b. Porque hay mucho turismo en México.
   c. Porque necesita ese idioma para estar en su país.

_____2. ¿Por qué dice Fabiola que es importante saber varios idiomas?
   a. Porque el español es un idioma muy importante.
   b. Porque abren las puertas para conseguir trabajo.
   c. Porque es bueno hablar con gente en su idioma.

_____3. ¿Qué idiomas aprende Judith?
   a. el francés y el italiano
   b. el portugués y el francés
   c. el inglés como segundo idioma

_____4. ¿Por qué estudia Judith esos idiomas?
   a. Porque estudia turismo.
   b. Porque son idiomas muy importantes.
   c. Porque le interesa aprender sobre estas culturas.

C. En la lista a continuación, pon un ✓ junto a los consejos que dieron los entrevistados.

_____ Estudia mucho el español porque es un idioma muy importante.

_____ Aprende este idioma para que conozcas una nueva cultura.

_____ Vive con una familia mexicana para aprender el idioma bien.

_____ No te preocupes si no hablas con el acento perfecto.

Vocabulario en acción 2

◆ Los quehaceres

◆ Para hablar de los quehaceres existe una gran variedad de palabras. Por ejemplo, en Latinoamérica se usa **trapear** para describir la acción de limpiar el suelo con un trapo húmedo o **trapeador.** En España, en cambio, se dice **fregar** y el utensilio es una **fregona.** En Cuba y en otros países del Caribe, **fregar** significa lavar los platos. En muchas regiones se dice, **lavar trastes.** En Colombia, esa acción es **lavar la loza.**

◆ Las palabras para refrigerador varían según la región o el país.

Cuba ➝ **frigidaire, frío**
Perú y Costa Rica ➝ **la refrigeradora**
España ➝ **frigorífico**
Cono Sur ➝ **heladera**
México y otras regiones ➝ **nevera**

◆ Las palabras para cortar el césped también varían según la región o el país.

Cuba y España ➝ **cortar la hierba**
Argentina y Chile ➝ **cortar el pasto**
Venezuela y República Dominicana ➝ **cortar la grama**
México y Centroamérica ➝ **cortar el zacate**

12. Empareja cada grupo de palabras con el país en que se usa.

_____ 1. la refrigeradora, cortar el zacate   **a.** Argentina

_____ 2. el frigorífico, la fregona   **b.** Colombia

_____ 3. cortar el pasto, la heladera   **c.** Costa Rica

_____ 4. cortar la hierba, el frío   **d.** Cuba

_____ 5. lavar la loza, la nevera   **e.** España

_____ 6. trapear, cortar la grama   **f.** Venezuela

13. Completa las oraciones con las palabras correctas.

1. En España, el verbo _____ significa limpiar el suelo con un trapo húmedo. En Cuba, ese verbo significa _____ trastes.

2. En Venezuela, el utensilio para limpiar el suelo con un trapo húmedo se llama un _____.

3. El refrigerador es una _____ en Uruguay, un _____ en Cuba y una _____ en El Salvador.

ENFOQUE BÁSICO

Nombre _____ Fecha _____

14. Escribe de nuevo este anuncio de España para publicarlo en un periódico de Argentina. Cambia aquellas palabras que tienen variaciones.

Se vende todo: muebles, frigorífico, lavadora, fregona, máquina para cortar la hierba.

_____
_____
_____
_____
_____

15. Describe cada acción u objeto ilustrado con palabras usadas en tu familia. Di si es una variación.

1.

_____
_____

2.

_____
_____

3.

_____
_____

4.

_____
_____

5.

_____
_____

6.

_____
_____

Expresiones con tener, perífrasis de infinitivo

- ◆ Ésta es una lista parcial de expresiones con el verbo **tener.** Busca en el diccionario las palabras que no conoces.

tener cuidado	tener en cuenta	tener pensado
tener la culpa	tener éxito	tener que ver con
tener un disgusto	tener líos	tener ganas de

- ◆ **Tener que** + infinitivo es una perífrasis verbal porque es la unión de un verbo conjugado seguido por un infinitivo. Otras perífrasis verbales de infinitivo incluyen **deber, deber de, echarse a, acabar de, volver a:** *Debo lavar el carro porque acaba de llover.*

- ◆ **Deber** + infinitivo expresa una obligación: **Debes** sacar la basura. **Deber de** + infinitivo expresa una suposición: Hugo **debe de** estar en el jardín.

16. Completa las oraciones con las expresiones adecuadas.

_____ 1. Tengo _____ con mi familia porque no pensamos de la misma forma.
      a. ganas de   **b.** líos   **c.** la culpa

_____ 2. Mis padres dicen que para tener _____ en la vida, hay que estudiar mucho.
      a. éxito   **b.** pensado   **c.** cuidado

_____ 3. El problema es que a veces no tengo _____ estudiar.
      a. la culpa   **b.** en cuenta   **c.** ganas de

_____ 4. Muchas veces _____ hacer la tarea pero prefiero ver televisión.
      a. debo   **b.** debo de   **c.** tengo que ver con

_____ 5. Yo no tengo _____ que las películas sean más divertidas que las matemáticas.
      a. un disgusto   **b.** en cuenta   **c.** la culpa

_____ 6. Mi abuela dice que yo no _____ tener muchas aspiraciones.
      a. debo   **b.** debo de   **c.** tengo que

_____ 7. Sí tengo aspiraciones: tengo _____ ser un director famoso de cine.
      a. que ver con   **b.** pensado   **c.** éxito

_____ 8. Cuando digo que voy a ser famoso, mi hermana _____ reír.
      a. acaba de   **b.** debe de   **c.** se echa a

_____ 9. Pero _____ repetir: algún día voy a ser famoso.
      a. vuelvo a   **b.** debo de   **c.** me echo a

ENFOQUE BÁSICO

Nombre _____ Fecha _____

1 Gramática en acción 2

◆ Presente progresivo, ir a + infinitivo, pronombres de complemento directo

- ◆ El presente progresivo expresa una acción que se está desarrollando en el momento actual. Se forma añadiendo el gerundio al presente de los auxiliares **estar, ir, venir, andar, llevar, pasar** o **seguir.**

  Los estudiantes **van aprendiendo** poco a poco.
  Raúl **viene cantando** desde hace unas cuadras.
  Mi hermano **lleva** dos horas **hablando** por teléfono.
  Verónica se **pasa** los domingos **durmiendo.**

- ◆ La perífrasis verbal **ir a** + infinitivo indica una acción más inmediata que la expresada por el tiempo futuro: **Vamos a comprar un carro** expresa una acción más próxima y segura a realizarse que **Compraremos un carro.**

- ◆ Los pronombres de complemento directo (**me, te, lo, la, nos, os, los, las**) reemplazan a la persona o cosa que recibe la acción de un verbo transitivo:

  —¿Ernesto? Lo vi ayer.

- ◆ El pronombre **lo** también puede reemplazar adjetivos, frases o a toda una oración mencionada anteriormente:

  Ya te lo había dicho: parece tonta pero no lo es.

- ◆ Cuando el complemento directo está al comienzo de la oración, es necesario utilizar además el pronombre correspondiente: La computadora **la** compró mi tío. También es necesario usar el pronombre **lo** cuando el complemento directo es **todo:**

  Mi hermano **lo** sabe **todo.**

17. Escoge las palabras correctas para completar el párrafo.

Esta noche (1) _____ (andamos/vamos) a celebrar el cumpleaños de la

abuela. (2) _____ (La/Lo) vamos a celebrar en nuestra casa pero la abuela

no (3) _____ (la/lo) sabe porque es una sorpresa. Mis padres

(4) _____ (viene/siguen) planeando esta celebración desde hace tres meses.

A muchas personas (5) _____ (lo/las) invitaron a la fiesta. Yo escribí las

invitaciones y (6) _____ (la/las) mandé por correo. Mi hermana

(7) _____ (lleva/va a) días decorando el patio. En este momento, mis tías

(8) _____ (andan/vienen) cocinando. (9) _____ (Lo/Los) van

a preparar todo ellas mismas. ¡Va a (10) _____ (ser/siendo) fantástico!

Gramática en acción 2

◆ Mandatos informales afirmativos y negativos

- ◆ Los mandatos informales tienen distintas formas.

  Pon las frutas en el refrigerador pero **no** las **pongas** con los quesos.

- ◆ Algunas formas son irregulares.

tener → **ten**	hacer → **haz**	ir → **ve, no vayas**
venir → **ven**	salir → **sal**	ser → **sé, no seas**
poner → **pon**	dar → **no des**	

- ◆ Algunas formas sufren cambios ortográficos.

  c → qu: **brinca, no brinques**

  g → j: **finge, no finjas**

  c ↔ z: **vence, no venzas; comienza, no comiences**

  la pérdida de **u** en -guir: **sigue, no sigas**

  la adición de **u** en -gar: **paga, no pagues**

- ◆ Existen otras formas verbales para expresar mandatos.

  Tú **limpiarás** tu cuarto ahora mismo.　　　　¡A **limpiar**!

  ¡Que **limpies** bien!　　　　**¡Limpias** el cuarto ya!

18. Marca con una X las oraciones que expresen un mandato.

_____ **1.** ¡Qué bonito día pasamos en el zoológico!

_____ **2.** ¡A descansar!

_____ **3.** No seas perezoso y haz tu cama.

_____ **4.** Tengo que escribir una carta.

_____ **5.** No busques las llaves en la sala.

_____ **6.** Necesitas llamar a la abuela.

_____ **7.** No saques dinero del banco.

_____ **8.** Sigue viendo televisión.

_____ **9.** ¡Te acuestas ya!

_____ **10.** Sale mucho con sus amigos.

_____ **11.** Debes de tener mucha tarea.

_____ **12.** Sal al jardín y corta el césped.

ENFOQUE BÁSICO

Nombre _____ Fecha _____

19. Completa los mandatos informales con los verbos entre paréntesis.

1. _____ a la fiesta a las nueve de la noche. (venir)

2. _____ algo elegante. (ponerse)

3. ¡No _____ tarde! (llegar)

4. No _____ chistes y no _____ malas bromas. (decir, hacer)

5. No _____ tampoco a jugar videojuegos. (empezar)

6. _____ el favor de poner música. (hacer)

7. No _____ que te duelen los pies. (fingir)

8. No _____ vergüenza: ¡_____! (tener, bailar)

20. Tu amigo no sabe mucho sobre computadoras. Contesta sus preguntas usando mandatos afirmativos o negativos y usando pronombres de complemento directo.

1. ¿Leo el manual? _____

2. ¿Pongo el diskete? _____

3. ¿Toco la pantalla? _____

4. ¿Apago la impresora? _____

5. ¿Aprieto esta tecla? _____

6. ¿Doy mi información personal? _____

21. Dale un consejo a cada persona.

MODELO   Tengo ganas de ver una película.
          Pues, ve al cine.

1. Hoy debo arreglar mi cuarto pero estoy estudiando en este momento.

_____

2. Ando buscando una bicicleta nueva.

_____

3 Mañana tengo que levantarme muy temprano.

_____

4. Llevo dos horas cortando el césped; ¡nunca voy a terminar!

_____

5. Tengo pensado ir al teatro pero no sé qué ponerme.

_____

6. Pablo quiere que lo recoja del centro pero no tengo dinero para la gasolina.

_____

¡Leamos! La Universidad Nacional Autónoma de México

Datos
Mascota: el puma
Lema: Por mi raza hablará el espíritu
Alumnos: 269.516
Profesores: 29.296
Edificios: 1.525
Bibliotecas: 143
Museos: 13
Murales: 152
Esculturas: 800
Obras gráficas: 86.000

Establecida en 1551, la Universidad Nacional Autónoma de México, la UNAM, es la universidad más grande de Latino América. Ocupa 5.500 hectáreas y la población estudiantil es de más de 250.000. Tiene 22 facultades y escuelas y cada una ofrece estudios de licenciatura, estudios profesionales y el postgrado. Muchas de escuelas se encuentran en la ciudad de México y muchas en otras partes del país. Además, la UNAM tiene una escuela en San Antonio, Texas.

El área principal de la UNAM es la Ciudad Universitaria (CU), localizada en la parte sur de la ciudad. Lo interesante de esta zona es que fue construida sobre piedras volcánicas del volcán Xitle. Algunos de sus edificios principales son la Torre de Rectoría, la Biblioteca Central, el Museo Universitario de Ciencias y Artes (MUCA), el Estadio Olímpico y el Centro Cultural Universitario.

La UNAM no sólo es una institución educativa sino un centro cultural y artístico. En muchos de sus edificios se pueden ver murales de artistas famosos. Por ejemplo, la Torre de Rectoría tiene murales creados por David Alfaro Siqueiros. Y la Biblioteca Central tiene murales creados por Juan O'Gorman que representan las diferentes etapas de la historia mexicana.

En julio de 2005, el gobierno mexicano declaró la Ciudad Universitaria un monumento artístico.

Comprensión

Según la lectura, indica si las siguientes oraciones son **ciertas** o **falsas.**

_____ 1. La Universidad Nacional Autónoma de México es mejor conocida como MUCA.

_____ 2. La CU fue construida sobre piedra volcánica.

_____ 3. Los murales en la Biblioteca Central fueron creados por Siqueiros.

_____ 4. En 2005 la Ciudad Universitaria fue declarada un monumento artístico.

En tu opinión

1. Tres mexicanos que asistieron a la UNAM ganaron el Premio Nobel: Alfonso García Robles, Nobel de la paz en 1982, Octavio Paz, Nobel de literatura en 1990, y Mario Molina, Nobel de química en 1995. ¿Piensas que esto es prueba suficiente de que la UNAM es una universidad excelente? ¿Por qué?

_____

2. ¿Cuáles son las ventajas y las desventajas de asistir a una universidad grande como la UNAM?

_____

3. ¿Por qué crees que la UNAM contrató a famosos artistas mexicanos para crear murales en sus edificios?

_____

ENFOQUE BÁSICO

¡Escribamos!

Estrategia para escribir Para crear descripciones interesantes, se requiere variedad y detalles. El hacer una lista antes de escribir te ayuda a crear nuevas ideas y a organizar los detalles de tu trabajo.

ENFOQUE BÁSICO

Mi compañero(a) de clase

Tu profesora de español quiere que escribas una descripción detallada de un(a) compañero(a) de clase para que luego lo (la) presentes a la clase. Incluye lo que hace todas las mañanas y lo que le gusta hacer los fines de semana. También cuenta qué tiene que hacer para ayudar en casa.

Pablo

moreno

ojos azules

pelo negro

atlético

simpático

todas las mañanas almuerza

le encanta montar en bicicleta

todos los días tiene que sacar la basura

1 Antes de escribir

Escoge el compañero o la compañera de clase a quien vas a describir. Haz una lista de palabras que describan cómo es y su personalidad. Luego escribe su rutina diaria y las actividades que le gusta hacer los fines de semana. Finalmente, incluye en tu lista algunos de sus quehaceres.

2 Escribir un borrador

Escribe una descripción detallada sobre tu compañero(a) de clase. Di cómo se llama y usa tu lista para describir cómo es y su personalidad. ¿Es rubio(a) o moreno(a)? ¿Es extrovertido(a) o serio(a)? Luego cuenta lo que hace todas las mañanas y menciona algunas de las actividades que prefiere hacer los fines de semana. Por fin, incluye lo que tiene que hacer para ayudar en casa.

3 Revisar

Lee tu borrador por lo menos dos veces, asegúrate de que tus descripciones son variadas y de que los detalles le dan vida a tu escritura. Recuerda que los adjetivos tienen que concordar con los sustantivos que acompañan. Revisa que hayas usado la forma correcta de los verbos.

1 Un paso más

Antes de leer

Estrategia

Lee, evaluar y volver a leer En esta estrategia el lector lee un texto tres veces y evalúa su comprensión por medio de preguntas. Después de la tercera lectura, el lector aclara sus preguntas en grupo y vuelve a evaluar su comprensión.

Lee y evalúa Lee el siguiente párrafo tres veces. Evalúa tu comprensión basándote en una escala del 1 a 10 como en el cuadro que sigue a continuación.

«Los designios del azar son inexpugnables. Eso pensaba yo mientras le decía adiós a Roberto desde la puerta de la casa. Me quedé saboreando la palabra, in-ex-pug-na-bles. Era la palabra exacta para describir el hecho de que Roberto iba a disfrutar de una noche inolvidable y yo no. Cerré la puerta y, a pesar de mi irritación, sonreí para mis adentros recordando a mi antigua profesora de colegio. Ella me había enseñado esa palabra extraña, pero tan útil para describir los caprichos de la suerte».

Después de leer	Preguntas	Evaluaciones
Primera vez	**Modelo:** ¿Qué quiere decir *inexpugnable*? ¿Qué es un designio del azar?	1 2 3 4 5 **6** 7 8 9 10
Segunda vez		1 2 3 4 5 6 7 8 9 10
Tercera vez		1 2 3 4 5 6 7 8 9 10
Comentario y evaluación final		1 2 3 4 5 6 7 8 9 10

◆ Vocabulario

Prefijos Las palabras **des**hacer, **im**posible, **in**tocable, **des**armar todas llevan **prefijo.** Los prefijos son letras o grupos de letras que se escriben al comienzo de la palabra o raíz para formar una nueva palabra.

◆ Lee las siguientes palabras de la lectura y subraya su prefijo. Escribe en una hoja aparte diez palabras más que conozcas con estos prefijos.

Prefijo	Significado
i-, im-, in-	negación o privación
De-, des-	negación, inversión, separación
Dis-	dificultad, mal; negación, inversión

desmentirla	desaire	inexpugnable
desilusión	injusto	inmediatamente
desaire	interrumpió	inolvidable
descortesía		

Cada loco con su tema

por Ana Beatriz Chiquito

A. ¿Dónde está la narradora y cómo se siente? Explica.

_____

_____

_____

_____

B. ¿Quiénes vienen a cenar? ¿Qué comida se está preparando?

_____

_____

_____

_____

Los designios del azar son inexpugnables[1]. Eso pensaba yo mientras le decía adiós a Roberto desde la puerta de la casa. Me quedé saboreando la palabra, in-ex-pug-na-bles. Era la palabra exacta para describir el hecho de que Roberto iba a disfrutar de una noche inolvidable y yo no. Cerré la puerta y, a pesar de mi irritación, sonreí para mis adentros recordando a mi antigua profesora de colegio. Ella me había enseñado esa palabra extraña, pero tan útil para describir los caprichos de la suerte. Entré a la cocina pensando todavía en la alegría de Roberto y en la tristeza mía, cuando escuché la voz satisfecha de mi madre diciéndole a mi padre:

—La cena va a quedar deliciosa. A la abuela le encantan los tamales y las verduras frescas. ¿Crees que también le gusten al abuelo?

Mi padre contestó con su paciencia de siempre y además, comentó la ausencia de Roberto:

— Por supuesto. Al abuelo le gustan mucho los tamales, lo mismo que a Roberto. ¡Es una lástima que él no vaya a estar aquí esta noche, cuando vengan los abuelos!

Esperé ansiosa la respuesta de mi madre porque yo estaba segura que a ella no le gustaba que mi hermano mayor hubiera salido esa noche. Por eso me sorprendió su tranquilidad cuando ella contestó:

....

1 inexplicables

—Bueno, ya sabes cómo son los chicos. Ellos tienen sus propios planes, en especial a la edad de Roberto. A los diecisiete años, todo eso es importante y como sabes, hoy fue a ver a Cristina.

La tía Luisa no dejó pasar la oportunidad para expresar su opinión sobre los jóvenes de hoy, poniendo a Roberto como un mal ejemplo:

—Pues yo no estoy de acuerdo con esa actitud de los jóvenes. Roberto debería estar aquí en vez de ir a ver a su novia; a ella la ve a diario. ¡En cambio, los abuelos no vienen de visita desde California todos los días!

A pesar de que yo todavía sentía envidia[2] porque Roberto había salido esa noche y yo no, me pareció injusto que la tía Luisa malinterpretara[3] la ausencia de mi hermano. Por eso empecé a desmentirla[4]:

—No, tía, las cosas no son como tú crees... él no fue a ver a Cristina, su novia, sino que...

Pero no pude terminar la frase porque en ese mismo momento tocaron a la puerta y mientras yo corría a abrirla, le dije a mi tía:

—Perdón, tía, creo que los abuelos acaban de llegar, más tarde te lo explico todo.

La llegada de los abuelos me hizo olvidar por completo el tema de Roberto. Me encantaba estar con ellos y me daba orgullo que la abuela admirara las destrezas culinarias de mis padres:

—Como siempre, en esta casa se cena como en el mejor restaurante de la ciudad. ¡Este plato, no tiene comparación! ¡Qué delicia de cena!

. . . .

2 querer lo que una persona tiene o hace **3** equivocará **4** contradecirla

C. ¿Cómo explica la madre la ausencia de Roberto?

_____

_____

_____

_____

D. ¿Qué opina la tía de Roberto sobre los jóvenes de hoy?

_____

_____

_____

_____

E. ¿Qué piensa la tía Luisa que Roberto está haciendo esta noche?

_____

_____

_____

F. ¿Qué pasa cuando la narradora va a explicarle a la tía la ausencia de Roberto?

_____

_____

_____

_____

G. ¿Qué siente la narradora por sus abuelos?

_____

_____

_____

_____

H. ¿Qué piensan los abuelos de la comida?

_____

_____

_____

_____

I. ¿Le importa al abuelo la ausencia de Roberto?

_____

_____

_____

_____

_____

El abuelo estaba totalmente de acuerdo con la abuela, pero yo sabía que, tarde o temprano, los tamales le harían recordar a Roberto, su nieto preferido. No me equivoqué porque detrás de las alabanzas, se podía vislumbrar la desilusión del abuelo con la ausencia de Roberto:

—Ustedes tienen el don de la buena sazón. ¡Nadie hace mejores tamales! Por eso me extraña mucho que Roberto no esté aquí. No quiero decir que él debería estar aquí, esperándonos. No es eso, pero yo sé que este plato le encanta y que no se lo pierde por nada del mundo... sobre todo cuando vengo yo...

Yo quería consolar al abuelo y por eso empecé a explicarle que no se trataba de un desaire[5], sino de esos eventos imposibles de rechazar[6]

J. ¿Entiende bien el abuelo por qué está ausente Roberto?

_____

_____

_____

_____

_____

cuando uno tiene diecisiete años:

—Abuelito, es que Roberto fue a ver a Cristina, ya sabes...

Pero el abuelo me interrumpió porque creyó que ya había comprendido por qué no estaba su nieto, y no dudó en disculparlo:

—Por supuesto, no es nada raro que Roberto haya preferido ir a ese show de televisión que graban aquí en Miami, «El Show de Cristina». Es un programa muy popular y lo veo de vez en cuando. Conseguir entradas es muy difícil y si Roberto las tenía, pues...

El abuelo tenía algo de razón, pero me apresuré a corregirlo:

—No, abuelito, no estoy hablando de ningún programa de televisión...

Sin embargo, como dije antes, los designios del azar son inexpugnables y antes de que yo pudiera continuar, sonó el teléfono y mi madre me pidió que contestara:

—¿Aló? —dije con irritación y no saludé a Juan a pesar de que había reconocido su voz.

—Hola, Marisa, habla Juan, el compañero de estudios de Roberto.

—Ah, hola, Juan, ¿cómo estás? —le dije un poco avergonzada de mi descortesía.

K. ¿Logra la narradora explicarle al abuelo adónde fue Roberto? ¿Por qué sí o por qué no?

_____

_____

_____

_____

_____

L. ¿Quién llama por teléfono?

_____

_____

_____

_____

_____

....

5 ignorar a una persona   **6** imposibles de decirles que no

—Estoy muy bien, gracias. ¿Y tú cómo estás?

—Estoy muy contenta porque mis abuelos están de visita.

—¡Qué bien! —contestó él. —¿Y cuándo llegaron tus abuelos?

En ese momento, mi madre empezó a hacerme señas para que regresara a terminar de cenar. No tuve más remedio que insinuarle a Juan que llamara más tarde y muy a mi pesar, le dije:

—Pues los abuelos llegaron hoy mismo y precisamente, estamos cenando.

Inmediatamente me arrepentí de haberle dicho eso, y sin hacerle caso[7] a mi madre, continué hablando. Tal vez por eso me castigó el destino. Sin darme cuenta, le dije a Juan lo que no había alcanzado a explicarles ni a la tía ni al abuelo:

—Claro, Juan, puedes llamar a Roberto más tarde, cuando regrese[8] del concierto de Cristina Aguilera. ¡Yo tenía tantos deseos de ir a ese concierto! ¡Pero no pude conseguir entradas y por eso estoy en casa, muy aburrida, sin nadie interesante con quien conversar y sin nada que hacer!

Juan no dijo nada sobre mi comentario y terminó la conversación diciendo:

—¡Qué memoria tan mala la mía! Por supuesto que Roberto está en el concierto. Hace tanto tiempo que se ganó la entrada, que se me había olvidado que él no estaría hoy en casa. Bueno, Marisa, lo llamaré más tarde. Hasta luego.

Juan no esperó a que yo me despidiera y colgó. Me quedé con el teléfono en la mano y con la mirada fija en la expresión de extrañeza[9] de mis abuelos. Roberto no les había hecho ningún desaire. Yo sí, al decir que estaba aburrida y que su compañía no era interesante. ¡Tardé muchos días en lograr su perdón y en dejar de echarle al azar la culpa de mis errores!

. . . .

7 sin prestarle atención   **8** cuando vuelva   **9** de sorpresa, de que no entendían

Comprensión

M. ¿Qué nos revela la conversación entre Marisa y Juan?

_____

_____

_____

_____

_____

N. ¿Qué le dijo Marisa a Juan que los abuelos podrían considerar como un desaire?

_____

_____

_____

_____

O. Vuelve a leer el texto y en una hoja aparte discute cómo perdonaron los abuelos a Marisa y por qué.

_____

_____

_____

_____

Nombre _____ Fecha _____

 ¿Qué piensas tú?

1. ¿Cuál fue el acontecimiento principal en el cuento? Explica tu respuesta.

_____

_____

2. ¿Por qué se puede interpretar este acontecimiento de diferentes formas? ¿Cómo lo interpretó la tía de Roberto?

_____

_____

3. ¿Cómo consideras la conversación telefónica entre Marisa y Juan, el amigo de Roberto? ¿Qué crees que sus abuelos sintieron al oír las palabras de Marisa?

_____

_____

Ortografía

La doble c y doble n

◆ Las únicas letras que pueden ser dobles y que se separan es sílabas son la **c** y la **n**.

in-**n**umerable	in-**n**ato
ac-ceso	ac-cidente

A. Pronuncia las siguientes palabras y divídelas en silabas.

1. acción

2. accionista

3. accesorio

4. innumerable

5. innecesario

6. acceder

7. innovar

8. innegable

UN PASO MÁS

22 **Capítulo 1**

Gramática: El género de los sustantivos

◆ Todos los sustantivos tienen **género gramatical.** Son **masculinos** (el sol, el pan) o **femeninos** (la luna, la leche). Al referirse a una persona, el género gramatical generalmente corresponde al género natural (la madre, el padre).

◆ El género de los sustantivos que designan cosas es **puramente gramatical y arbitrario.** El género de estos sustantivos, se determina según su terminación o el artículo que le antecede.

◆ La mayoría de los sustantivos masculinos terminan en **-o,** y los femeninos en **–a.** Algunas excepciones a la regla anterior son el problema, el mapa, el agua. Las palabras de origen griego que terminan en **–ma** son masculinas. Hay también sustantivos femeninos que terminan en **–o.**

Masculinos terminados en **–a**		Femeninos terminados en **–o**
el clima	el telegrama	la mano
el tema	el programa	la soprano
el sistema	el día	la foto (la fotografía)
el poema	el planeta	la moto (motocicleta)
el drama		

A. En las siguientes oraciones escoge los artículos o adjetivos correspondientes según el género del sustantivo.

En 1. (**estos/estas**) **días** Luisa tiene 2. (**varios/varias**) **problemas:** perdió 3. (**los/las**) **poemas** que escribió, recibió 4. (**un/una**) **telegrama** con pésimas noticias y chocó 5. (**el/la**) **moto** que le regalaron en su cumpleaños. Lo único que Luisa salvó fue 6. (**el/la**) **foto** de su perrita.

UN PASO MÁS

Nombre _____ Fecha _____

1

◆ Cuando la palabra comienza con *a-* acentuada o la sílaba *ha-* acentuada se utiliza el artículo **el** delante del sustantivo: el alma, el área, el habla, el arpa, el asa.

B. Lee las palabras en **negrita** y completa las oraciones con el artículo correcto.

1. La bandera está suspendida de _____ **asta** de madera.

2. El niño cree en el poder mágico de _____ **hadas.**

3. _____ **hacha** está hecha de una gruesa hoja de acero.

4. El perro tiene _____ **hambre** irresistible.

5. _____ **aire** es una mezcla gaseosa de la atmósfera.

6. El número uno de las barajas es _____ **as.**

7. _____ **asma** es una enfermedad de los bronquios.

◆ Los sustantivos que terminan en **–ón:** el avión, son masculinos. La excepción son **la razón,** comezón y todas las palabras que terminan en **–cion** y **-sión,** estas son femeninas

la pasión   la porción
la nación   la evolución
la misión   la profesión
disminución   la decisión

C. Escoge la palabra correcta y completa estas oraciones.

1. El profesor dio (un/una) _____ explicación muy buena.

2. Por favor guarda la ropa en (un/una) _____ cajón.

3. El metal sufrió (un/una) _____ reacción química.

4. (El/La) _____ camión azul se dañó en la calle.

5. Ella estuvo contenta después de tomar (el/la) _____ decisión de

   comprar la casa.

6. La señora compró (un/una) _____ camisón bordado para dormir.

UN PASO MÁS

La vida profesional

Directores y animadores de un programa de televisión

¿Has pensado cómo se produce un programa de televisión popular, interesante y entretenido? ¿Quiénes son los responsables del éxito de los programas de televisión?

Los responsables son el director y el animador del programa. Ellos son los responsables de escoger los temas y el contenido de manera que sea del agrado de los televidentes. Ellos deben tener experiencia en la industria de la televisión, en la transmisión de noticias, en el manejo del personal que trabaja con ellos, conocimiento de su público y hoy día en los Estados Unidos, deben hablar español a fin de llegar al público hispano. El animador debe tener mucho carisma para entretener a la gente. Familiarízate con este vocabulario de la televisión: gran estreno, noticiero, canal, episodio, televidentes, conductor, rating, sintonizar, comerciales.

¿Te gustaría en el futuro trabajar como animador o director de un programa de la televisión hispana? Explica por qué te parecería interesante y qué te parecería difícil.

La vida profesional

Vamos a escribir

Escribe algunas de las cualidades que debe tener el director o la directora y el animador o la animadora de un programa de televisión para la población hispana.

_____

_____

_____

_____

¿Qué crees que pasaría si los responsables de un programa de televisión escogieran temas que no son del agrado de la gente?

_____

_____

_____

_____

Escribe de tres personalidades de la televisión que han tenido gran acogida y han influenciado a sus televidentes. Usa más papel si es necesario.

_____

_____

_____

_____

En tu opinión, ¿cuáles son las cualidades de estas personas y por qué tienen éxito?

_____

_____

_____

_____

Enfoque básico

 GeoVisión *Cuzco*

Antes de ver

A. Mira la foto de Cuzco a la derecha. En la lista a continuación, pon un ✓ junto a las frases que la describan mejor.

_____ **a.** calles estrechas

_____ **b.** centro comercial

_____ **c.** construcciones de piedra

_____ **d.** edificios modernos

_____ **e.** casas coloniales

_____ **f.** plantas tropicales

Después de ver

B. Lee los siguientes comentarios sobre Cuzco. Basándote en el video, di si cada comentario es **a) cierto** o **b) falso**.

_____ **1.** Cuzco es la capital del imperio azteca.

_____ **2.** Cuzco es la capital de Perú.

_____ **3.** Cuzco es un centro turístico importante.

_____ **4.** Se conoce Cuzco por sus universidades.

_____ **5.** Cuzco se consideró el "Ombligo del Mundo".

_____ **6.** Muchos edificios están construidos sobre ruinas incas.

_____ **7.** El Barrio de San Blas tiene calles estrechas y empinadas.

_____ **8.** La Plaza de Armas está en Machu Picchu.

_____ **9.** El parque arqueológico más conocido y espectacular es Machu Picchu.

C. Escribe un párrafo breve que describa la imagen de **GeoVisión** que más te impresionó. Explica qué te llamó la atención de esa imagen.

_____

_____

_____

ENFOQUE BÁSICO

Nombre _____ Fecha _____

2 Vocabulario en acción 1

◆ Los oficios

- ◆ Existen muchos sufijos para formar sustantivos que indican profesión u oficio.

  -ador, -adora: **gobernador, investigadora, diseñadora**

  -ero, -era: **carnicero, costurera, bombero**

  -ante: **comerciante, danzante, cantante**

  -ario, -aria: **bibliotecaria, notario, secretaria**

  -tor, -tora, -triz: **conductor, directora, actriz**

  -ista: **telefonista, periodista, dentista**

  -logo, -loga: **cardiólogo, paleontóloga, psicóloga**

- ◆ La mayoría de los sustantivos de oficio tienen forma femenina y masculina.

  el profesor, la profesora

  el juez, la jueza

- ◆ Aquellos nombres que terminan en **-ista** o **-ante** comparten la misma forma.

  el artista, la artista

  el comerciante, la comerciante

- ◆ Cuando la forma femenina de una profesión coincide con una palabra que ya tiene otro significado, como por ejemplo cartera (bolso de mujer) o pilota (verbo), se prefiere el género común.

  la mujer cartero, la mujer piloto

1. Subraya los sufijos en la siguiente lista de oficios.

1. compositora   4. enfermera   7. pianista
2. carpintero   5. arqueólogo   8. programadora
3. embajador   6. electricista   9. comediante

2. Escribe la forma femenina de los siguientes oficios.

1. el agricultor _____   6. el oftalmólogo _____

2. el cartero _____   7. el actor _____

3. el pescador _____   8. el piloto _____

4. el banquero _____   9. el cantante _____

5. el electricista _____   10. el periodista _____

ENFOQUE BÁSICO

3. Completa las oraciones con nombres de profesiones u oficios.

1. El _____ cocina.

2. La _____ practica medicina.

3. El _____ canta.

4. El _____ toca el piano.

5. La _____ reparte cartas.

6. La _____ conduce.

7. El _____ diseña.

8. El _____ cuida a los enfermos.

9. La _____ practica psicología.

4. Di qué profesión tiene cada persona en el dibujo. Luego di que su esposo o esposa también tiene el mismo oficio.

MODELO

Sr. Ortega

El señor Ortega es bombero. La señora Ortega también es bombera.

Sra. Yepes

Sr. Rojas

1. _____

3. _____

Sra. Murillo

Sr. Vicuña

2. _____

4. _____

5. Describe las profesiones que tienen cuatro parientes o personas conocidas o imaginarias.

_____

_____

_____

_____

_____

ENFOQUE BÁSICO

Nombre _____ Fecha _____

2 Gramática en acción 1

◆ Pronombres de complemento indirecto

- ◆ El complemento indirecto es la persona que se beneficia o es destinaria de la acción verbal:
  El cartero **le** dio las cartas a **la secretaria. La secretaria** es el complemento indirecto y **le** es el pronombre de complemento indirecto.

- ◆ Los pronombres de complemento indirecto son: **me, te, le, nos, os, les.**

- ◆ El hablante tiene la tendencia de dejar en singular el pronombre aunque corresponda a un complemento plural.
  *Los empleados **le** pierden el respeto a los jefes
  Esto no es oficial. Se debe usar el pronombre plural correspondiente a los jefes: **les.**

- ◆ Los complementos indirectos suelen utilizarse con verbos ditransitivos o verbos que toman complemento directo e indirecto como **dar, llevar, entregar, enseñar, decir, preguntar, pedir.**
  Les **pido** dinero.

- ◆ Algunos verbos cambian de significado cuando son utilizados con el pronombre de complemento indirecto:
  pegarlo con goma vs. **pegarle** a mi hermano
  importarlo de China vs. **importarle** lo que piensa
  servirla (a la reina) vs. no **servirle** la llave

6. Completa las oraciones con los pronombres correctos.

1. La banquera _____ (le/les) presta dinero a los clientes.

2. El vendedor _____ (te/le) mostró a ti una camiseta bonita.

3. A la mujer policía _____ (lo/le) importa servir su comunidad.

4. El carpintero _____ (lo/le) pega con una goma especial.

5. Al periodista _____ (lo/le) sirven los comentarios del testigo.

6. Siempre _____ (me/le) digo "gracias" al cartero.

7. Escribe una oración con pronombres de complemento indirecto con cada verbo a continuación.

1. pedir_____

2. preguntar _____

3. pegar _____

4. dar _____

5. enseñar_____

Gramática
en acción 1

◆ Saber y conocer

◆ El verbo **saber** tiene varias definiciones, entre ellas:

tener cierto sabor: la sopa **sabe** a ajo

tener los conocimientos o las habilidades: **saber** conducir, **saber** alemán, **saber** cuánto
dinero gana, **saber** llegar a casa, **saber** de mecánica

tener noticias: no **saber** nada de un amigo

haber aprendido de memoria: **saberse** la lección

en expresiones de duda: ¡a **saber**!, ¡quién **sabe**!

para expresar que alguien tiene mucha astucia: **sabérselas** todas

◆ El verbo **conocer** también tiene varios significados:

entender, saber, precibir por haberlo visto o oír de él, por el estudio o la práctica: **conocer**
a alguien de vista, **conocer** un lugar, **conocer** a fondo el argumento

tener trato con alguien: **conocer** al cocinero

experimentar, sentir: **conocer** el amor

presentar una información: dar a **conocer** la noticia

para expresar "al parecer que": se **conoce** que eran pobres

ENFOQUE BÁSICO

8. Empareja las palabras subrayadas con las definiciones correctas.

_____ 1. Mario <u>conoce</u> a todos los vecinos.
    a. tener la habilidad

_____ 2. Desde hace un año, no <u>sabemos</u> de él.
    b. tener trato con una persona

_____ 3. Ella cree <u>sabérselas todas</u>.
    c. experimentar

_____ 4. Nuestro equipo no <u>conoce</u> la derrota.
    d. tener noticias

_____ 5. El periodista <u>sabe</u> escribir muy bien.
    e. ser muy astuta

9. Completa las oraciones con **saber** o **conocer**.

1. Los estudiantes no quieren _____ la tabla periódica.

2. Dicen que no es mito pero a _____.

3. El periódico dio a _____ el nombre del ladrón.

4. Para _____ bien a una persona, debes hablar con ella.

5. Es importante _____ hablar inglés.

6. Me angustia no _____ nada de mi amigo por correspondencia.

7. Amor es _____ la felicidad.

Nombre _____ Fecha _____

2 Gramática en acción 1

◆ El verbo ser; los gentilicios

◆ El verbo **ser** es un verbo copulativo que sirve de enlace entre el sujeto y el predicado: Carmen **es** peluquera. **¡OJO!** El nombre de la profesión no lleva artículo a no ser que se lo defina o califique: Carmen **es** una peluquera fantástica.

◆ A veces en el habla coloquial, el verbo **ser** concuerda con el predicado (Mi sueldo **son** ochocientos pesos por semana), pero en la escritura y habla culta, el verbo debe concordar siempre con el sujeto: Mi sueldo **es** ochocientos pesos por semana.

◆ Los gentilicios son adjetivos que indican el lugar de origen de un sustantivo. Algunos gentilicios de ciudades capitales son:

asunceno(a)	**limeño(a)**	**madrileño(a)**
bogotano(a)	**quiteño(a)**	**santiaguino(a)**
caraqueño(a)	**sanjuanero(a)**	**paceño(a)**
bonaerense/porteño(a)	**habanero(a)**	**josefino(a)**
neoyorquino(a)	**managüense**	**montevideano(a)**

10. Empareja cada gentilicio con la ciudad respectiva.

_____ 1. asunceno

_____ 2. madrileña

_____ 3. bonaerense

_____ 4. limeña

_____ 5. paceño

_____ 6. bogotana

_____ 7. managüense

_____ 8. montevideana

_____ 9. caraqueño

_____ 10. santiaguina

_____ 11. josefino

_____ 12. habanera

_____ 13. sanjuanero

_____ 14. quiteña

_____ 15. neoyorquino (a)

a. San José, Costa Rica

b. Santiago de Chile

c. San Juan, Puerto Rico

d. Buenos Aires, Argentina

e. Bogotá, Colombia

f. Nueva York, Estados Unidos

g. Caracas, Venezuela

h. Managua, Nicaragua

i. La Habana, Cuba

j. Lima, Perú

k. Quito, Ecuador

l. La Paz, Bolivia

m. Asunción, Paraguay

n. Montevideo, Uruguay

o. Madrid, España

ENFOQUE BÁSICO

11. Completa las oraciones con las palabras correctas.

1. Néstor Campos _____ (es/es un) ingeniero.

2. Él es de San José. Es _____ (santiaguino/josefino).

3. Su trabajo _____ (es/son) diseñar y construir.

4. Su esposa es de Buenos Aires. Es _____ (bogotana/porteña).

5. Ella _____ (es/es una) médica excelente.

6. Su especialización _____ (es/son) niños y adolescentes.

7. Muchos pacientes son _____ (neoyorquinos/neoyorqueros).

8. Yo también quiero _____ (ser/ser un) médico algún día.

12. Combina elementos de cada cuadro para escribir ocho oraciones. Cambia las formas de los verbos y agrega pronombres y artículos cuando sea necesario.

bombera conductor médico vecino mecánica salario banquera enfermo	ser saber conocer prestar mil dólares arreglar el camión	madrileño programador un periodista famoso seiscientos dólares al comerciante a los bomberos apagar incendios todas las calles

1. _____
2. _____
3. _____
4. _____
5. _____
6. _____
7. _____
8. _____

ENFOQUE BÁSICO

Nombre _____ Fecha _____

VideoCultura *Comparaciones*

Antes de ver

A. Para cada profesional mencionado, escribe una oración que explique por qué crees que le gusta su profesión a esa persona.

Cirujano plástico: _____

Paramédico: _____

Comerciante: _____

Después de ver

B. Lee los siguientes comentarios y escribe la letra de la persona correcta junto a cada uno.

a. David	b. Nelson	c. Mariana

_____ **1.** Se levanta a las seis y media de la mañana.

_____ **2.** Empieza a trabajar a las seis de la mañana.

_____ **3.** Estudió ocho años de medicina y cinco años de cirugía plástica.

_____ **4.** Lo que más le gusta de su trabajo es ayudar a su comunidad.

_____ **5.** Aprendió matemáticas y relaciones públicas para hacer su trabajo.

_____ **6.** Lo que más le gusta de su trabajo es conocer a nuevas personas.

_____ **7.** Lo que menos le gusta de su trabajo es el estrés.

_____ **8.** Empieza el día revisando el equipo y los vehículos.

_____ **9.** No le gusta cuando hay accidentes con niños.

C. ¿Qué más les gusta de su profesión a los tres entrevistados? Pon un ✓ junto a la respuesta correcta.

_____ayudar a las personas _____ el dinero _____ la reputación

D. Si tuvieras que escoger entre las tres profesiones de los entrevistados, ¿cuál escogerías? Explica tu respuesta.

_____

_____

_____

Vocabulario en acción 2

◆ Familias de palabras; vocabulario de la casa

- ◆ Una familia de palabras consiste en todas las palabras que comparten la misma raíz y que por lo tanto, tienen cierta relación de significado.

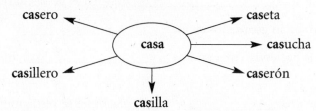

- ◆ Para crear una familia de palabras, se forman palabras derivadas de una misma raíz. Por ejemplo, de la raíz **lavar,** podemos derivar **lavadora, lavabo, lavadero, lavandería, prelavado.**

- ◆ Entre el vocabulario que se refiere a la casa, existen muchas palabras que son derivadas.

libro → **librero**	dormir → **dormitorio**	coche → **cochera**
comer → **comedor**	pasar → **pasillo**	silla → **sillón**
fregar → **fregadero**	café → **cafetera**	baño → **bañera**

13. Subraya las 6 palabras del párrafo que pertenecen a la familia de la palabra **libro.**

Me gustan mucho los libros. Esta tarde fui otra vez a la librería y me compré un librote sobre la historia mexicana y también algunos librillos de historietas. No van a caber en el librero de mi habitación. Necesito escribir en mi libreta de cosas que hacer: ir a la mueblería.

14. Al lado de cada palabra, escribe el verbo del cual se deriva.

MODELO   dormitorio   <u>dormir</u>

1. la cocina   _____

2. la regadera   _____

3. el comedor   _____

4. el lavabo   _____

5. el refrigerador   _____

6. la secadora   _____

ENFOQUE BÁSICO

Nombre _____ Fecha _____

15. Completa las oraciones con una palabra del cuadro. Busca las palabras que desconozcas en el diccionario.

casillero	casita	casona	casucha	caseta

1. Viven en una bonita _____ de montaña.

2. En la piscina hay una _____ que sirve de vestuario.

3. Los documentos están guardados en ese _____.

4. Los dueños de la hacienda viven en una _____ que debe valer mucho dinero.

5. Aunque vivía en una _____, siempre se vestía muy bien.

16. Escribe todas las palabras que puedas para formar una familia de palabras. Añade espacios si es necesario.

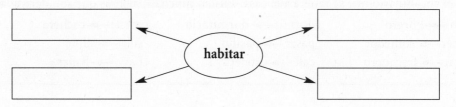

17. Haz un dibujo de una cocina, designando por lo menos ocho objetos en ella.

Gramática en acción 2

✦ Ser y estar

◆ Ambos **ser** y **estar** pueden enlazar el sujeto con un adjetivo: Juan **es** alto. Juan **está** alto. Cuando se combina con **ser**, el adjetivo designa una cualidad inherente. El verbo **estar**, por su parte, denota un estado resultante de un proceso anterior o una cualidad adquirida que puede transformarse.

◆ El significado de muchos adjetivos depende de si se emplean con <u>ser</u> o <u>estar</u>.

ser abierto (franco)	**estar abierto** (no cerrado)
ser alegre (por naturaleza)	**estar alegre** (de humor)
ser despierto (listo)	**estar despierto** (no dormido)
ser listo (inteligente)	**estar listo** (preparado)
ser orgulloso (vanidoso)	**estar orgulloso** (tener orgullo)
ser nuevo (sin estrenar)	**estar nuevo** (en buen estado)
ser interesado (egoísta)	**estar interesado** (tener interés)
ser rico (tener mucho dinero)	**estar rico** (sabroso)

18. Empareja las palabras subrayadas con su significado correcto.

_____ 1. El comerciante <u>es rico</u>.   **a.** preparado

_____ 2. ¿<u>Está listo</u> tu hermano para salir?   **b.** egoísta

_____ 3. El postre <u>está rico</u>.   **c.** tiene interés

_____ 4. No <u>está interesado</u> en la mecánica.   **d.** inteligente

_____ 5. El abogado <u>es listo</u> y por eso gana.   **e.** tiene mucho dinero

_____ 6. <u>Es interesado</u> y sólo le importa lo material.   **f.** sabroso

19. Completa las oraciones con las formas correctas de **ser** o **estar**.

1. Mis tíos no _____ personas muy ricas, pero tienen una casa muy bonita.

2. Ellos _____ muy orgullosos de su casa.

3. Los muebles _____ como nuevos aunque tengan veinte años.

4. Mi tío _____ interesado en el arte entonces tiene muchos cuadros.

5. Mi tía _____ una persona muy alegre y le gusta recibir a invitados.

6. La puerta de su casa siempre _____ abierta.

7. En este momento mi tía _____ preparando comida para doce personas.

ENFOQUE BÁSICO

2 Gramática en acción 2

◆ Perífrasis obligativas y otras expresiones + infinitivo

◆ Las perífrasis obligativas se componen de dos verbos, unidos a veces por una preposición, que presentan una acción como una obligación o una necesidad. Las perífrasis obligativas son: **haber de** + infinitivo, **haber que** + infinitivo, **tener que** + infinitivo y **deber** + infinitivo.

He de sacar la basura.   **Tenemos que** pintar la pared.
Hay que regar las plantas.   **Debes** darle de comer a Fifí.

◆ También existen expresiones impersonales seguidas por infinitivo que indican una acción necesaria:

Es necesario cortar el césped.   **Es preciso** lavar el carro.
Hace falta comprar más pan.   **Es urgente** comprar una secadora.

◆ Para pedir a alguien que haga algo, puede utilizarse estas expresiones seguidas por infinitivo:

Haz el favor de barrer el piso.   **¿Podrías** pasar la aspiradora?
Favor de no ensuciar la sala.

20. Completa cada oración con el quehacer en el dibujo.

1. Haz el favor de _____.   2. Es preciso _____.

3. Es necesario _____.   4. Hace falta _____.

21. Completa las oraciones con las formas correctas de los verbos entre paréntesis.

1. Tú y yo _____ (tener) que limpiar la casa.

2. _____ (haber) que barrer y pasar la aspiradora.

3. Tú _____ (deber) ayudarme con los quehaceres.

4. Nuestros hermanos _____ (haber) de lavar la ropa.

5. Esta tarde yo _____ (tener) que sacar la basura.

Gramática
en acción **2**

✦ El tiempo pretérito de verbos regulares, hacer e ir

◆ El tiempo pretérito de los verbos regulares se forma añadiendo estas terminaciones.

	Infinitivos en -ar	Infinitivos en -er	Infinitivos en -ir
	am**ar**	tem**er**	part**ir**
yo	am**é**	tem**í**	part**í**
tú	am**aste**	tem**iste**	part**iste**
usted, él, ella	am**ó**	tem**ió**	part**ió**
nosotros(as)	am**amos**	tem**imos**	part**imos**
vosotros(as)	am**asteis**	tem**isteis**	part**isteis**
ustedes, ellos, ellas	am**aron**	tem**ieron**	part**ieron**

◆ Una tendencia popular es el añadir una **-s** final a la segunda personal del singular. *hablastes, *comistes, *escribistes. Las formas oficiales son: **hablaste, comiste, escribiste.**

◆ El tiempo pretérito de **hacer** tiene una raíz irregular. Sus terminaciones son regulares excepto las de la primera y tercera persona del singular. El verbo **ir** es un verbo de irregularidad propia.

yo	hice	nosotros(as)	hicimos
tú	hiciste	vosotros(as)	hicisteis
usted, él, ella	hizo	ustedes, ellos, ellas	hicieron

◆ **¡OJO!** Sólo **hizo** se escribe con **-z-**.

---

22. Completa el párrafo con las palabras del cuadro.

fue	fuimos	conocimos	hizo
hicieron	sacudí	invitaron	pasé

Mamá:

Juanito ya (**1**) _____ la tarea. Yo ya (**2**) _____ los

muebles y (**3**) _____ la aspiradora. A las seis, Juanito y yo

(**4**) _____ al parque. Allí (**5**) _____ a los nuevos

vecinos. Ellos (**6**) _____ una parrillada y nos

(**7**) _____ a ir. Juanito ya se (**8**) _____ y yo salgo

pronto. Nos vemos allí.

Nombre _____ Fecha _____

23. Escribe las oraciones de nuevo, cambiándolas del presente al pretérito.

MODELO   ¿Quién prepara la cena?
         ¿Quién preparó la cena?

1. ¿A qué hora regresas del colegio?

   _____

2. Hago la tarea después de comer.

   _____

3. Voy al museo de arte.

   _____

4. Bañan el perro en la bañera.

   _____

5. ¿Qué hacen el fin de semana?

   _____

6. ¿Quién va al supermercado y compra pan?

   _____

24. Mira el dibujo. Escribe cuatro cosas que Rodolfo ya hizo. Luego escribe
cuatro cosas que tiene que hacer usando distintas perífrasis obligativas.

_____

_____

_____

_____

_____

_____

_____

_____

¡Leamos!

La importancia de la papa en el imperio inca

¿Sabías que los incas cultivaron muchos de los productos agrícolas que comemos hoy día? Cultivaban 20 variedades de maíz, 240 variedades de papas, y una o más variedades de calabaza, ají, frijoles, cacahuate y quinoa.

Sin duda alguna, la papa (cultivada en Sudamérica desde hace siete mil años) fue el cultivo más importante pues sigue siendo una gran parte de la cocina andina. Un dato interesante es que se han encontrado restos arqueológicos que datan del año 400 a. de c. en las orillas del lago Titicaca. Y por consiguiente, se cree que el origen de la papa se encuentra entre el sur de Perú y el noreste de Bolivia.

¿Tal vez te preguntas porque la papa era tan importante para los incas? La papa contiene mucha vitamina C, potasio y fibra. La planta

crece fácilmente, prácticamente en cualquier lugar, y da buena nutrición, sin ocupar mucha tierra. Los incas aprendieron a preservar la papa convirtiéndola en chuño (harina de papa), que podía durar hasta diez años.

Los incas usaban la papa como alimento y también creían que tenía propiedades medicinales. Pensaban que facilitaba el parto, y la usaban para tratar diferentes tipos de malestares o heridas como la indigestión, las quemaduras, las fracturas y el reumatismo. La razón por la cual la usaban para dolores de hueso y dolores musculares es porque la papa tiene la habilidad de preservar el calor por largos períodos de tiempo, dejando que el calor penetre los músculos. ¿Ahora qué piensas de la papa?

Comprensión

Según la lectura, indica si las siguientes oraciones son **ciertas** o **falsas**.

_____ 1. Muchos productos agrícolas fueron cultivados primero en Sudamérica.

_____ 2. La papa sólo se cultiva en ciertas partes del mundo.

_____ 3. Los incas hacían chuño para que durara más la papa.

_____ 4. Usaban la papa como alimento y para tratar varios malestares y heridas.

En tu opinión

1. ¿Crees que la papa hubiera sido igual de importante para los incas si hubiera sido difícil de cultivarla? ¿Por qué?

   _____

2. ¿Piensas que es más beneficioso tomar medicina para un dolor o comer productos agrícolas con propiedades medicinales?

   _____

3. En tu familia, ¿qué alimento es el más importante? ¿Por qué?

   _____

ENFOQUE BÁSICO

¡Escribamos!

Estrategia para escribir El describir un escenario claramente ayuda al lector a visualizar lo que describes, y también te ayuda a ti a desarrollar las ideas para tu escritura. Deja que el escenario que te imaginas te ayude a crear y a dirigir los hechos en tu historia.

"Mi casa, mi familia"	
Escenario: la cocina	**Personajes**
la estufa • negra • enfrente del fregadero	Ana • mamà • dentista
el lavaplatos • negro •	Gabriel • papà •

"Mi casa, mi familia"

Imagina que eres un(a) escritor(a) para un nuevo programa de televisión llamado "Mi casa, mi familia" y que tienes que describir el escenario y los personajes para el primer episodio.

1 Antes de escribir

Decide en qué parte de la casa vas a filmar el primer episodio y cuántas personas hay en la familia (escoge por lo menos dos personajes). Luego, en un cuadro describe el cuarto, e incluye por lo menos cinco cosas. Apunta qué muebles hay, cómo son y dónde está cada cosa en el cuarto. También describe los personajes: cómo se llaman, cómo son, su personalidad y a qué se dedican.

2 Escribir un borrador

Usa el cuadro para escribir tu descripción detallada del escenario: ¿qué cuarto es? ¿qué hay en el cuarto? ¿cómo son los muebles y dónde están? Luego describe los personajes. ¿Quiénes son? ¿Cómo son? Finalmente, cuenta de qué se trata el primer episodio.

3 Revisar

Lee tu borrador por lo menos dos veces. Revisa la ortografía, la puntuación y la gramática. ¿Usaste correctamente los verbos ser y estar? ¿Has descrito el escenario con claridad? ¿Están bien definidos tus personajes?

ENFOQUE BÁSICO

Nombre _____ Fecha _____

2 Un paso más

Antes de leer

Estrategia

La lógica La causa y efecto, y los contrastes ayudan al lector a descubrir el significado del texto. A través de los contrastes, el lector puede entender las diferentes relaciones entre las ideas principales y comprender mejor a los personajes del cuento.

Contrastes

«Como en los sueños en que se encuentra una moneda y se siguen encontrando indefinidamente hasta cuando se despierta con el puño apretado y la desolada sensación de haber estado por un segundo en el paraíso de la fortuna, un niño de la ciudad ha escrito al Niño Dios pidiéndole, para las Navidades, no uno ni dos, sino trescientos mil triciclos. Es, en realidad, una cantidad fabulosa, de esas que ya no se encuentran en el mundo».

1. Lee el primer párrafo de "Un problema de aritmética" de Gabriela García Márquez y haz una lista de ideas que revelen los contrastes: la imaginación o la realidad.

2. Una vez que hayas identificado estas ideas, estarás listo para leer el resto del texto y darte cuenta cómo el autor las desarrolla. Identifica contrastes que encuentres en el resto del texto.

3. Responde a las siguientes preguntas:
   ¿Es fácil diferenciar la imaginación de la realidad? ¿Por qué sí o por qué no?
   ¿Cómo contraste te ayuda el contraste a anticipar diferentes partes del texto?

◆ Vocabulario

◆ **Sinónimos** Lee la lista de palabras del texto a la izquierda. Trazando una línea, emparéjalas con sus sinónimos a la derecha. Si tienes dudas de su significado, vuelve al texto y trata de comprender su significado de acuerdo al contexto de la palabra.

lecho	dudoso
modesto	paso de
transcurso	cama
sospechoso	comprar
adquirir	humilde

A. ¿Quién escribió una carta?

_____

_____

_____

_____

B. ¿A quién le escribió la carta?

_____

_____

_____

_____

C. ¿Qué pide el niño en la carta? ¿Para qué ocasión?

_____

_____

_____

_____

_____

D. ¿Cómo es la carta?

_____

_____

_____

_____

E. ¿Por qué cree el niño que merece lo que pide?

_____

_____

_____

_____

_____

Un problema de aritmética

Como en los sueños en que se encuentra una moneda y se siguen encontrando indefinidamente hasta cuando se despierta con el puño apretado y la desolada sensación de haber estado por un segundo en el paraíso de la fortuna, un niño de la ciudad ha

escrito al Niño Dios pidiéndole, para las Navidades, no uno ni dos, sino trescientos mil triciclos. Es, en realidad, una cantidad fabulosa, de esas que ya no se encuentran en el mundo.

Los padres del pequeño, naturalmente inquietos, me han mostrado[1] la carta. Es una carta concisa, directa, que apenas alcanza a ocupar la parte superior de la hoja y que dice textualmente: "Mi querido Niño Dios: Deseo que el veinticinco me pongas[2] trescientos mil (300.000) triciclos. Yo me he portado bien durante todo el año."

....

1 enseñaron   **2** dejes bajo el árbol

Lo alarmante es que los padres de esta criatura excepcional, dicen que, en su opinión, ningún niño merece tanto ser atendido, por su buen comportamiento, como este que ahora, por lo visto, aspira a ser el más grande y acreditado comerciante mayoritario de triciclos en la tierra. Acaba de cumplir los seis años y durante todos los días se ha estado levantando formalmente a las seis, yendo al baño por sus propios pies, lavándose los dientes con escrupulosidad[3], asistiendo a la escuela sin que haya habido ninguna queja contra él, comiendo todo lo que se le sirve con ejemplar compostura, elaborando sus tareas sin ayuda de nadie, hasta las nueve, y retirándose al lecho después de haber dado las más cordiales buenas noches a sus padres. Un comportamiento francamente sospechoso.

. . . .
3 con mucho cuidado

F. ¿Cuántos años tiene el niño?

_____

_____

_____

_____

_____

G. ¿Qué cosas hace el niño que demuestran su buen comportamiento?

_____

_____

_____

_____

_____

_____

Capítulo 2 **45**

H. ¿Tiene hermanos el niño?

_____

_____

_____

_____

I. ¿Qué pidió el niño para las Navidades el año anterior?

_____

_____

_____

J. ¿Trataron de conseguir sus padres el regalo que él quería?

_____

_____

_____

K. ¿Qué regalo recibió el niño?

_____

_____

_____

_____

L. ¿Qué decía la nota que venía con el regalo?

_____

_____

_____

_____

M. ¿Tuvo la nota el efecto deseado?

_____

_____

_____

_____

Hijo único de un modesto matrimonio local, éste, en opinión de sus padres, sufrió, en el transcurso de este año, una apreciable modificación en su carácter. El anterior pidió para las Navidades precisamente un triciclo. En casa se hicieron esfuerzos casi sobrehumanos, se recurrió a todos los ahorros[4], pero no fue posible adquirir nada más que un par de patines.

Estratégicamente colocada, se dejó una carta del Niño Dios que decía: "No te daré el triciclo porque varias veces te has levantado tarde, en otras no has querido bañarte, en otras no menos frecuentes te has quedado jugando a la salida de la escuela. Y sobre todo, el trece de junio fuiste castigado por no llevar la tarea de aritmética. Pórtate mejor el año entrante. Por hoy, está bien con ese par de patines.

La cuestión debió surtir[5] el efecto deseado porque el muchacho no volvió a cometer ninguna de las faltas de que se le acusaba. Su aplicación en aritmética, como se deduce fácilmente de las cifras que ha aprendido a concebir, ha sido verdaderamente excepcional. Y ahora, después de una larga y paciente espera, cumplida la dura prueba de los trescientos sesenta y cinco días rutinarios, se ha sentido lo suficientemente acreditado como para dar ese escalofriante berrencazo: ¡trescientos mil triciclos!

. . . .

4 dinero guardado **5** dar, obtener **6** grito enorme

¿Pero es que hay en los almacenes del país semejante cantidad de triciclos? Sus padres dicen estar en condiciones de adquirir uno y hasta dos. Pero no encuentran a qué recursos de prestidigitación[7] acudir[8] para hacerse a los doscientos noventa y nueve mil novecientos noventa y ocho triciclos restantes. "¡Si siquiera hubiera dejado de lavarse la boca un día!", ha dicho la madre.
"¡Si siquiera me hubiera sido formulada una queja en la escuela!", ha dicho el padre. Pero el niño, seguro de su invulnerabilidad, ha calculado y madurado la cifra casi con premeditada alevosía. Tiene derecho a esperar los trescientos mil triciclos. Y sus padres lo saben.

Nota cultural

¿Sabías que...?

¿Notaste que el niño del cuento le escribió su carta de Navidad al Niño Dios, no a Santa Claus? En algunos países latinoamericanos, cuyas poblaciones son en su mayoría católicas, es la costumbre pedirle los regalos de Navidad al Niño Dios. En tiempos más recientes, Santa Claus también se ha vuelto parte de las celebraciones navideñas de Latinoamérica, aunque el aspecto religioso sigue siendo de mayor importancia.

. . . .

7 magia hecha a base de rapidez con las manos o dedos   **8** ir

N. Según el escritor, ¿tiene el niño el derecho a esperar los trescientos mil triciclos?

_____

_____

_____

_____

_____

O. ¿Están de acuerdo los padres?

_____

_____

_____

_____

_____

P. En una hoja aparte, escribe por lo menos 4 causas y efectos derivados de la lectura.

_____

_____

_____

_____

_____

Nombre _____ Fecha _____

2

 ¿Qué piensas tú?

1. Este cuento trata sobre la imaginación de un niño. ¿Crees que los adultos tienen una imaginación similar?

2. Si le contaras este cuento a un adulto y a un niño de seis años, ¿cómo crees que cada uno respondería y por qué?

3. Basado en la lectura del texto, ¿cómo resolvería el problema en que se encuentran los padres del niño: buen comportamiento versus muchos juguetes?

◆ Ortografía

Escritura de números

◆ Los números del **16** al **19** pueden escribirse en una o en tres palabras:

dieciséis (o **diez y seis**); **diecinueve** (o **diez y nueve**)

◆ Los números desde el **20** hasta el **30,** se escriben en una sola palabra:

veintiuno, veintitrés, veintinueve

◆ Los números desde el **31** en adelante, se escriben en tres palabras, salvo los múltiplos de diez:

31 treinta y uno,	**60 sesenta**
37 treinta y siete	**40 cuarenta**
89 ochenta y nueve	**90 noventa**

◆ Los cardinales **200** y **300** pueden escribirse indistintaments de dos formas:

doscientos-docientos   **trescientos, trecientos,**

◆ El númer **600,** sólo se escribe: **seiscientos.** La forma *seicientos* no es correcta.

A. Escribe las siguientes cantidades.

25 _____

200_____

57.000 _____

300.000 _____

48 _____

900_____

17 _____

700_____

Gramática: El uso de las preposiciones por y para

◆ Se usa **por**

   a. Para expresar duración de tiempo
   Fui a Miami **por** tres semanas.   Todos los días nadamos **por** una hora.

   b. Con expresiones que indican tiempo en general o momento aproximado.
   Trabajo tanto **por** la mañana como **por** la tarde.

   c. Para indicar motivo o razón. Equivale a **a causa de.** Indica también la persona o cosa
   por la que, o a favor de la que, se hace algo.
   Se cerró el aeropuerto **por** el huracán.   Fracasé en el examen **por** no estudiar.

   d. Para indicar **a través de.**
   El barco va a cruzar **por** el Canal de Panamá. Ellos están viajando **por** la Florida.

   e. Para indicar precio o equivalencia y cambio o sustitución de una cosa por otra.
   Cambié la camisa **por** un cinturón.   Compré tres piñas **por** cinco dólares.

   f. Para expresar medio o manera.
   Te llamé **por** teléfono.   Se casaron **por** la iglesia.

   g. **Preguntar por** equivale en inglés a *to ask about someone or something.*
   Ellos me preguntaron **por** ti.

◆ Se usa **para**

   a. Para indicar término o destino.
   Salgo **para** San Francisco mañana.   El año pasado nos mudaremos **para** esta casa.

   b. Para indicar propósito, objecto o finalidad de una cosa o acción.
   Ella estudia **para** ser abogado.   ¿Está todo lista **para** la fiesta de mañana?

   c. Para indicar tiempo o plazo determinado.
   Quiero el vestido **para** mañana.   Terminaré los estudios **para** la fiesta de mañana?

A. Completa las oraciones del párrafo con las presposiciones **por** o **para.**

1. Me ofrecieron los pasteles _____ las cuatro de la tarde, pero como no

   cumplieron me los dejaron _____ veinte dólares.

2. Envié la carta _____ correo aéreo, aunque yo también me voy.

3. Le pregunté a mi amiga qué quería _____ su cumpleaños y me pidió

   aretes.

4. El policía le puso una multa _____ ir tan rápido. María le pidió:

   ¡_____ favor no me multe!

5. Pienso votar _____ el candidato más sincero. ¡ _____

   suerte creo que sí va a ganar!

6. Mi prima llega _____ la mañana, aunque _____ la

   lluvia dudo que llegará a tiempo.

Nombre _____ Fecha _____

B. Completa las siguientes oraciones usando **por** o **para** según la sugerencia en paréntesis.

1. No compré el vestido _____ no tener dinero (razón)

2. Fui al mercado _____ comprar fruta. (finalidad)

3. Le avisaremos del resultado _____ teléfono (medio)

4. Me dio un regalo _____ el favor que le hice. (a cambio)

5. El estudia _____ médico. (finalidad)

6. Ellos compraron el boleto _____ el cinco de agosto. (plazo determinado)

7. Habla bien el español _____ ser ruso. (comparación)

8. Salió _____ Virginia _____ tren. (destino) (medio)

9. Me resfrié _____ no llevar abrigo. (a causa de)

10. En cuanto me vio preguntó _____ ti. (preguntar por alguien)

UN PASO MÁS

La vida profesional

Comerciante internacional

Si el cuento "Un problema de aritmética" se hace realidad, cómo crees que un comerciante o distribuidor internacional de bicicletas podría distribuir para Navidad 300.000 bicicletas a los niños en Latinoamérica. Hoy en día, este comerciante depende del Internet que es el medio de comunicación más grande del mundo para los negocios. Este distribuidor tendrá que contactar a muchas fábricas de bicicletas en el mundo a través de sus páginas web para conseguir el producto. Además el distribuidor deberá hablar español para poder contactar a sus clientes en Latinoamérica.

UN PASO MÁS

La vida profesional

Vamos a escribir

Imagínate que eres un comerciante/distribuidor internacional que debe cumplir con una orden de 300.000 bicicletas para Latinoamérica. Prepara tu proyecto:

1. Inventa 4 nombres de fabricantes de bicicletas en el mundo con sus respectivas páginas web.

_____

_____

_____

2. Escribe un correo electrónico corto para enviar a cada fabricante. En el correo electrónico deberás preguntar lo siguiente:
¿Cuántas bicicletas o triciclos podrían fabricar y entregar para el primero de noviembre?
¿Qué tamaños y colores ofrecen?
¿Qué cuesta cada bicicleta o triciclo? ¿Qué descuentos ofrecen por volumen?
¿Cuál es el precio de envío hasta la Florida?

_____

_____

_____

3. Una vez que tengas la información, ¿cómo y a quién enviarías estas bicicletas? Inventa la segunda parte del proyecto.

_____

_____

_____

4. Busca a alguien en tu comunidad que haga negocios con Latinoamérica. Pregúntale cuán necesario es el saber el idioma español, qué productos ha distribuido con éxito y cuáles han sido sus obstáculos.

_____

_____

_____

Enfoque básico

 GeoVisión *Santo Domingo*

Antes de ver

A. En la lista a continuación, pon un ✓ junto
a las cosas que anticipas ver en el video sobre Santo Domingo.

_____playas blancas	_____casas coloniales	_____iglesias
_____montañas altas	_____edificios modernos	_____museos
_____lagos	_____ruinas	_____teatros
_____parques	_____avenidas grandes	_____mercados

Después de ver

B. Empareja cada actividad con el mejor lugar en Santo Domingo para
hacerla.

_____1. ver orquídeas nativas   **a.** El Malecón

_____2. reunirse con amigos   **b.** calle El Conde

_____3. ver arte precolombino   **c.** Teatro Nacional

_____4. ver manatíes   **d.** Museo del Hombre Dominicano

_____5. escuchar artistas locales   **e.** Jardín Botánico

_____6. ir de compras   **f.** Acuario Nacional

C. Lee los siguientes comentarios sobre Santo Domingo. Basándote en lo que
dijo Julio, marca cada comentario como **a) cierto** o **b) falso.**

_____1. Santo Domingo es una ciudad pequeña en el centro del país.

_____2. El Obelisco Macho es símbolo de la libertad.

_____3. El Alcázar de Colón es hoy un museo.

_____4. La Catedral Primada de América fue construida al estilo modernista.

_____5. El Teatro Nacional está en la Plaza de la Cultura.

_____6. El Jardín Botánico tiene muchas especies de orquídeas.

_____7. En el Museo del Hombre Dominicano se pueden ver tiburones.

D. En una hoja aparte, escribe un párrafo breve sobre tus impresiones de
Santo Domingo y explica por qué te interesaría conocerlo o no.

ENFOQUE BÁSICO

Nombre _____ Fecha _____

3 Vocabulario

◆ El sufijo -ería

◆ El sufijo **-ería** se usa para formar sustantivos que nombran tiendas especializadas: **fruta + ería → frutería.** Mira los nombres de algunas tiendas que terminan en **-ería.** Busca en el diccionario el significado de las palabras que desconozcas.

librería	papelería	pescadería
ferretería	lavandería	dulcería
mueblería	carnicería	joyería
panadería	floristería	tintorería
peluquería	perfumería	pastelería
zapatería	sombrerería	verdulería

* **¡OJO!** Se dice **verdulería** y no **verdurería.**

1. Empareja los productos con la tienda en donde se venden.

_____ 1. diccionarios   **a.** verdulería

_____ 2. zanahorias   **b.** joyería

_____ 3. pollo   **c.** ferretería

_____ 4. pelucas   **d.** librería

_____ 5. mesitas de noche   **e.** papelería

_____ 6. collares   **f.** carnicería

_____ 7. martillos   **g.** mueblería

_____ 8. papel   **h.** peluquería

2. Completa el párrafo con los nombres correctos de las tiendas.

Esta mañana mi familia fue al centro para hacer diligencias. Yo pasé por la

(1) _____ para comprar unas sandalias. Mi mamá fue a la

(2) _____ para comprar rosas. Mi papá fue a la

(3) _____ para comprar tomates, lechuga y zanahorias. Mi hermana fue a

la (4) _____ para comprar un cuaderno y unos lápices. Mi hermano

menor gastó todo su dinero comprando dulces en la (5) _____.

Mi abuelo fue a la (6) _____ y compró pescado fresco. Finalmente, todos

nosotros pasamos por la (7) _____ y compramos pan francés.

3. Con base en los dibujos, di adónde fuiste y qué compraste.

MODELO  Fui a la pescadería y compré unos pescados.

1. _____

_____

4. _____

_____

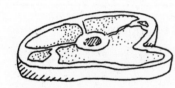

2. _____

_____

5. _____

_____

3. _____

_____

_____

6. _____

_____

_____

4. Imagina que vas a preparar una cena elegante. ¿Qué ingredientes tienes que comprar y dónde vas para comprarlos? Escribe por lo menos cinco oraciones para decir adonde tienes que ir y lo que compras en cada lugar.

1. _____

2. _____

3. _____

4. _____

5. _____

ENFOQUE BÁSICO

Nombre _____ Fecha _____

3 Gramática *en acción* 1

◆ Se impersonal y se pasivo

◆ El **se** impersonal indica un sujeto humano indeterminado. El verbo siempre es singular. Puede ser transitivo o intransitivo.

  Se entrevistó a dos secretarias.

  Se trabaja mucho.

◆ El **se** pasivo indica el significado pasivo del verbo, el cual siempre es transitivo y concuerda en número con el sustantivo que recibe la acción.

  Aquí **se venden** zapatos de cuero.

◆ Puede transformarse en una construcción pasiva equivalente.

  Zapatos de cuero **son vendidos** aquí.

5. Marca con una X las oraciones que contengan el **se** impersonal.

  _____ **1.** Se vive tranquilamente en este pueblo.

  _____ **2.** Se alquilan dos apartamentos.

  _____ **3.** Se abren las puertas a las nueve.

  _____ **4.** Se exportaron dos mil toneladas de café.

  _____ **5.** Se come muy bien en el mercado.

  _____ **6.** Se practica muchos deportes acuáticos.

6. Combina elementos de cada cuadro para escribir cinco oraciones con el **se** pasivo.

prohibir	rosas y orquídeas
vender	botes de pesca
comprar	el dinero del banco
sacar	guayabas en la frutería
alquilar	comer en el tren

  1. _____

  2. _____

  3. _____

  4. _____

  5. _____

Gramática en acción **1**

◆ El pretérito de verbos que terminan en -car, -gar y -zar y conocer

- ◆ Los verbos que terminan en **-car, -gar** y **-zar** no se consideran irregulares ya que no hay cambios de sonido, solamente cambios ortográficos que son necesarios para mantener la misma pronunciación.

    c → qu delante de la **e: brinqué, saqué, verifiqué**
    g → gu delante de la **e: pagué, llegué, entregué**
    z → c delante de la **e: comencé, recé, utilicé**

- ◆ En el tiempo pretérito, **conocer** significa descubrir o encontrar algo o a alguien por primera vez.

    Anoche **conocí** al chico de mis sueños. El año pasado **conocí** Madrid.

7. Completa las oraciones con las formas correctas.

MODELO   Tú llegaste tarde pero yo **llegué** temprano.

1. Mario te buscó en la plaza y yo te _____ en el mercado.

2. Tú utilizaste mucha agua caliente pero yo _____ poca.

3. Carmelita entregó la tarea hoy pero yo la _____ ayer.

4. Tú pagaste veinte dólares por el pastel pero yo _____ quince.

5. Tú te equivocaste de banco pero yo no me _____.

6. Ustedes fabricaron una casa de madera y yo _____ una de adobe.

7. Carlos no abrazó a la abuela pero yo sí la _____.

8. Tú empezaste a leer a los seis años pero yo _____ a los cuatro.

8. Termina cada oración diciendo dónde conociste a cada persona.

1. Yo conocí a mi mejor amigo_____.

2. Mi amiga conoció a la peluquera _____.

3. Tú conociste al Presidente _____.

4. Mis padres se conocieron _____.

5. Conocimos al médico_____.

6. Conocí al/a la profesor(a)_____.

7. Conocí a una persona ideal _____.

ENFOQUE BÁSICO

Nombre _____   Fecha _____

Gramática
en acción 1

◆ El pretérito de los verbos irregulares andar, tener, venir, dar, ver

◆ Los verbos **andar, tener** y **venir** se llaman pretéritos fuertes porque tienen forma irregular en la raíz y comparten las mismas terminaciones.

yo	**andu**ve	**tu**ve	**vi**ne
tú	**andu**viste	**tu**viste	**vi**niste
usted, él, ella	**andu**vo	**tu**vo	**vi**no
nosotros(as)	**andu**vimos	**tu**vimos	**vi**nimos
vosotros(as)	**andu**visteis	**tu**visteis	**vi**nisteis
ustedes, ellos, ellas	**andu**vieron	**tu**vieron	**vi**nieron

◆ Los verbos compuestos de estos —como por ejemplo **desandar, retener, mantener, convenir, prevenir**— comparten las mismas conjugaciones.

◆ Los verbos **dar** y **ver** son irregulares porque llevan las terminaciones de verbos en -er sin el acento escrito.

yo	**di**	**vi**
tú	**di**ste	**vi**ste
usted, él, ella	**di**o	**vi**o
nosotros(as)	**di**mos	**vi**mos
vosotros(as)	**di**steis	**vi**steis
ustedes, ellos, ellas	**di**eron	**vi**eron

◆ ¡OJO! *vistes no es forma oficial.

9. Empareja cada oración con la terminación correcta.

_____ 1. Esta mañana nosotros…   **a.** tuve que ir al banco.

_____ 2. Yo…   **b.** dieron una vuelta por la plaza.

_____ 3. Paco…   **c.** viste, ¿verdad?

_____ 4. Manolo y Silvia…   **d.** anduvimos por el pueblo.

_____ 5. Ellos te…   **e.** anduvisteis comprando flores.

_____ 6. Tú no los…   **f.** vieron en la frutería.

_____ 7. Vosotros…   **g.** no vino con nosotros.

ENFOQUE BÁSICO

Nombre _____ Fecha _____

10. Completa las oraciones con el pretérito de los verbos entre paréntesis.

1. Jaime y Verónica _____ (dar) una vuelta por el pueblo.

2. Ellos _____ (andar) por todos los lugares turísticos.

3. Verónica _____ (ver) artesanías muy bonitas en el mercado.

4. Yo quería ir con ellos pero no (ir) _____.

5. Unos amigos _____ (venir) a casa entonces yo

   _____ (tener) que entretenerlos.

11. Di por dónde anduvieron las siguientes personas con base en los dibujos.

1. Miguel_____

_____

3. Yo _____

2. Nosotros _____

_____

4. Tú _____

_____

12. Combina elementos de cada cuadro para formar cuatro oraciones en el tiempo pretérito.

yo	andar	un regalo
tú	utilizar	por todo el centro
mis amigos	buscar	con tarjeta de crédito
mi madre	conocer	al mejor comerciante
nosotros	pagar	el transporte público

1. _____

2. _____

3. _____

4. _____

Nombre _____ Fecha _____

VideoCultura *Comparaciones*

Antes de ver

A. En tu vecindario, ¿dónde se reúne la gente con sus amigos?

_____

_____

Después de ver

B. ¿Mencionó alguno de los entrevistados uno de los lugares que escribiste en la Actividad A? Explica.

_____

_____

C. Los siguientes comentarios son falsos. Escríbelos de nuevo para que sean ciertos según **Comparaciones.**

1. En el barrio de Gabriel hay muchos apartamentos. _____

_____

2. Las tiendas pequeñas son más comunes en Santo Domingo. _____

_____

3. Pablo vive en una ciudad grande cerca de Madrid. _____

_____

4. En Santo Domingo, se va a las plazas a jugar al básquetbol. _____

_____

5. Las personas en Coyoacán se reúnen en los centros recreativos. _____

_____

6. En el barrio de María Luisa hay muchos parques. _____

_____

D. Escribe dos o tres oraciones explicando lo que aprendiste en Comparaciones sobre Santo Domingo que no sabías antes.

_____

_____

_____

_____

Vocabulario en acción 2

◆ Dar direcciones; números ordinales

◆ Las expresiones más comunes para dar direcciones

seguir
continuar
{ todo recto
derecho
por la calle hasta

doblar
girar
virar
voltear
{ a la derecha
a la izquierda

tomar
{ la autopista
la autopista de peaje
la bifurcación
la carretera de cuota
la primera calle
la salida
}
con dirección a
hacia el norte
rumbo a

dirigirse hacia
{ el norte
el sur
el este
el oeste

mantenerse en el carril
{ derecho
izquierdo

◆ Los números ordinales que corresponden a los números del once al veinte son:

11º **undécimo**	16º **decimosexto**
12º **duodécimo**	17º **decimoséptimo**
13º **decimotercero**	18º **decimoctavo**
14º **decimocuarto**	19º **decimonoveno**
15º **decimoquinto**	20º **vigésimo**

Nuestras oficinas **están ubicadas/se hallan** en el **vigésimo** piso.

13. Completa el párrafo con las palabras correctas.

Tome la autopista de (1) _____ (salida, peaje) con (2) _____

(dirección/bifurcación) a Puerto Viejo. Manténgase en el (3) _____

(carril/peaje) derecho. Tome la (4) _____ (salida/vigésima) Siga todo

(5) _____ (derecha, recto) hasta llegar a Soria. Allí, tome la

(6) _____ (carril/bifurcación) hacia el norte. (7) _____

(Doble/Ubique) a la izquierda en la calle Itzaes y (8) _____ (gire/continúe)

derecho hasta llegar a la catedral. El edificio (9) _____ (se dirige/se halla) a

mano izquierda. Tome el ascensor al piso (10) _____ (undécimo/recto) y

pregunte por el señor Zapata.

ENFOQUE BÁSICO

Nombre _____ Fecha _____

14. Completa las oraciones con las palabras del cuadro. Las palabras pueden
usarse más de una vez.

ubicada	se halla	vire	rumbo
carril	vigésimo	salida	recto

1. Tome la autopista con _____ a Mérida.

2. Manténgase en el _____ derecho y tome la primera

   _____.

3. El hospital más cercano _____ cerca de aquí.

4. Siga todo _____ hasta llegar al acuario.

5. En la avenida León, _____ a la izquierda.

6. La fábrica está _____ entre las calles 8 y 10.

   Tenemos que mantenernos en el _____ izquierdo.

7. La oficina de la señora Prieto está en el _____ piso.

8. Para llegar a mi casa toma la _____ número 238ª.

15. Da direcciones de cómo se llega de tu casa o de tu casa imaginaria hasta tu
colegio.

_____

_____

_____

_____

_____

_____

_____

_____

Gramática *en acción* 2

✦ Mandatos formales

♦ Los mandatos formales se usan para expresar una orden que debe cumplir otra(s) persona(s). Tiene dos formas: singular (**usted**) y plural (**ustedes**). Los verbos en -**ar** tienen las terminaciones -**e** y -**en: compre, compren.** Los verbos en -**er** e -**ir** terminan en -**a** y -**an: lea, lean, abra, abran.**

♦ Verbos que terminan en -**car, -gar, -zar, -ger,** y -**guir** tienen cambios ortográficos: **saque(n), llegue(n), organice(n), recoja(n), siga(n).**

16. Marca con una X las oraciones que contengan un mandato formal.

_____ 1. No entrar en la sala de emergencias.

_____ 2. Cruce la calle en el semáforo.

_____ 3. Caminas por la zona peatonal.

_____ 4. Compren el periódico en el quisco de la esquina.

_____ 5. Visita el nuevo acuario.

_____ 6. No estacionen enfrente del hospital.

_____ 7. No llegues tarde a la cita.

_____ 8. Suba al noveno piso.

17. Completa los mandatos formales con los verbos entre paréntesis.

1. Niños, no _____ (brincar) sobre la banca.

2. Señor taxista, _____ (recoger) a los pasajeros en la esquina.

3. Sí, señora, _____ (seguir) derecho hasta llegar a la catedral.

4. _____ (pagar) ustedes. al conductor después de subirse.

5. No, señor, no _____ (entrar) a la embajada con eso.

6. Amigos, _____ (navegar) por Internet en nuestro café.

7. Señorita, no _____ (dejar) su carro en este estacionamiento.

8. Para llegar al puerto, _____ (subir) ustedes a la autopista.

9. Niños, ¡_____ (mirar) antes de cruzar la calle!

10. Por favor, señor, no _____ (cerrar) la fábrica de muebles.

11. Si ustedes quieren hacer ejercicio, no _____ (utilizar) el ascensor.

12. ¡_____ (extinguir) ustedes el fuego!

ENFOQUE BÁSICO

3 Gramática en acción 2

◆ Formas irregulares del mandato formal

- Algunas formas irregulares del mandato formal son:

  dar: **dé, den**

  ser: **sea, sean**

  ir: **vaya, vayan**

- **Dé** lleva acento escrito para diferenciarlo de la preposición **de.**

  Dé una vuelta por la ciudad.

  Se pierde el acento al añadir un solo pronombre.

  Dele el dinero al cajero.

  Se restaura al añadir más de un pronombre.

  Déselo a él.

- Los mandatos formales se usan a menudo para dar direcciones, como por ejemplo: **Vaya** por la calle Flores y **dé** vuelta a mano derecha en la avenida Nieto.

18. Empareja cada mandato con la terminación correcta.

_____ 1. Sea…   **a.** vuelta a mano izquierda en el primer semáforo.

_____ 2. Vaya por…   **b.** al estacionamiento público.

_____ 3. Dé…   **c.** a la derecha.

_____ 4. Siga…   **d.** derecho hasta llegar a la calle Pino.

_____ 5. Doble…   **e.** la calle Macondo.

_____ 6. Entre…   **f.** un buen conductor.

19. Cambia cada mandato informal a un mandato formal.

MODELO   Consigue un mapa.

<u>Consiga un mapa.</u>

1. Ve al quiosco y compra un periódico. _____

2. Sé cortés y da las gracias. _____

3. Da la vuelta a mano derecha. _____

4. Sigue derecho hasta llegar a la esquina. _____

5. Ve por la zona peatonal. _____

6. Sé bueno y ayuda a tu abuela a cruzar la calle. _____

7. Dobla a la izquierda y sigue derecho dos cuadras. _____

8. Da vuelta a la derecha en la próxima esquina. _____

Gramática en acción 2

◆ Posición de los pronombres con los mandatos; leísmo

- Los pronombres reflexivos y de complemento siempre van unidos a los mandatos afirmativos: bájen**se**, búsca**lo**, de**le** el mapa.

- **¡OJO!** En el habla popular se coloca la **n** indicadora del plural de los verbos después del pronombre:
  *díganmen, *delen. Lo oficial es **díganme, denle.**

- Los pronombres siempre se interponen en los mandatos negativos: no **se** bajen, no **lo** busques, no **le** dé el mapa.

- Es importante usar el pronombre de complemento correcto: **lo, la, los** y **las** para complementos directos y **le, les** para complementos indirectos. El utilizar **le** y **les** como complemento directo se llama **leísmo.** Un ejemplo de leísmo es decir *Llámales en lugar de Llámalos.[1]

  1 La Real Academia Española acepta el uso de leísmo solamente para referirse a una persona masculina singular: Pedró le saludó (pero, Pedró los saludó). Este uso es mucho menos habitual en Latinoamérica.

20. Lee cada par de oraciones y escoge la oficial.

_____ 1. **a.** Súbasen al autobús.   **b.** Súbanse al autobús.

_____ 2. **a.** Delen el dinero.   **b.** Denle el dinero.

_____ 3. **a.** Dala el asiento.   **b.** Dale el asiento.

_____ 4. **a.** No los pierdas de vista.   **b.** No les pierdas de vista.

_____ 5. **a.** No le digas tu nombre.   **b.** No lo digas tu nombre.

_____ 6. **a.** Bájesen ya.   **b.** Bájense ya.

_____ 7. **a.** Mírelos bailar.   **b.** Míreles bailar.

_____ 8. **a.** Pónganse sombrero.   **b.** Póngasen sombrero.

_____ 9. **a.** No la mandes una carta.   **b.** No le mandes una carta.

_____10. **a.** Llámenlos.   **b.** Llámenles.

ENFOQUE BÁSICO

Nombre _____ Fecha _____

21. Contesta afirmativamente las preguntas de tus amigos, usando pronombres con los mandatos.

1. ¿Nos subimos al tren? _____

2. ¿Busco un asiento? _____

3. ¿Visitamos el zoológico? _____

4. ¿Le damos comida? _____

5. ¿Pongo los boletos aquí? _____

6. ¿Recogemos la basura? _____

7. ¿Llamo a Mónica? _____

22. Completa las oraciones con un mandato negativo y un pronombre. Sigue el modelo.

MODELO   Compra un mapa pero **no lo compres** en ese quiosco.

1. Busca a Nelson pero _____ en la fábrica.

2. Dile que vaya al acuario pero _____ por qué.

3. Baja la calle pero _____ hasta llegar al puerto.

4. Toma la autopista pero _____ hasta el final.

5. Da un paseo por el pueblo pero _____ hoy.

6. Consigue a una buena taxista pero _____ en el aeropuerto.

7. Visita los monumentos pero _____ de noche.

23. Dile a un turista lo que debe y no debe hacer en tu vecindario. Usa por lo menos cinco mandatos formales con los verbos del cuadro o con otros verbos que quieras.

| visitar | almorzar | ir | comprar |
| caminar | hacer | buscar | ver |

_____

_____

_____

_____

_____

_____

_____

¡Leamos! **Más sobre Julia Álvarez**

Julia, la segunda de cuatro hijas, nació en la ciudad de Nueva York el 27 de marzo de 1950. Cuando regresaron a la República Dominicana, su padre volvió a ser miembro del movimiento clandestino contra el dictador Rafael Trujillo. Por esta razón, diez años después, se marcharon de su país una vez más.

De niña, a Julia le encantaba escuchar cuentos y contarlos. Pero ya en Nueva York el sentimiento de pérdida la hizo introvertida y se sumergió primero en los libros, luego en la escritura. Para ella, la escritura lo es todo. Escribe para entender ciertas cosas, para enterarse de lo que está pensando y para descubrirse a sí misma.

Julia ha escrito cuentos para niños, poesía, novelas y ensayos. Su primera novela *How the García Girls Lost Their Accents* (1991) es su obra más reconocida que trata de cuatro hermanas, también de la República Dominicana, que llegan a Estados Unidos con sus padres y de las dificultades y las decisiones que deben enfrentar.

En la actualidad, ella es profesora de literatura en Middlebury College y junto a su esposo se ocupa en otro proyecto que significa mucho para los dos. Establecieron una finca llamada Alta Gracia en la República Dominicana donde cultivan café orgánico. También construyeron una escuela para enseñar lectura y escritura a los niños dominicanos. El nombre de Alta Gracia fue escogido porque es el nombre de la Virgen del país (La Virgen de la Altagracia), conocida por ser "protectora de la gente", y porque también es el segundo nombre de Julia. Inspirada por este proyecto, Julia escribió *El cuento del cafecito* (2001), una fábula moderna.

Comprensión

Según la lectura, indica si las siguientes oraciones son **ciertas** o **falsas**.

_____ 1. Julia Altagracia nació en la ciudad de Nueva York en 1950.

_____ 2. En 1960 la familia Álvarez se marchó del país, escapándose de la dictadura de Trujillo.

_____ 3. La Virgen de Alta Gracia es la protectora de la gente dominicana.

_____ 4. El proyecto de Alta Gracia la inspiró a escribir *El cuento del cafecito.*

En tu opinión

1. Si hubiera una dictadura en Estados Unidos, ¿piensas que te quedarías o te irías del país?

    _____

2. ¿Cuáles son las ventajas y las desventajas de la inmigración?

    _____

3. ¿Cuál actividad creativa te permite expresar tus pensamientos y sentimientos?

    _____

Nombre _____ Fecha _____

¡Escribamos!

Estrategia para escribir El diálogo no sólo sirve para que tu escritura suene más natural y sea accesible a tus lectores, pero también ayuda a organizar tus ideas, especialmente cuando tienes que alternar perspectivas y formar preguntas lógicas. Al ponerte en el lugar de cada hablante, recuérdate de variar tu estilo y punto de vista.

Hola, ¿qué tal?

Acabas de llegar a la casa cuando suena el teléfono y es tu mejor amigo(a). En la mañana cada uno de ustedes hicieron algunas diligencias y ahora quieren encontrarse en la zona verde. Escribe la conversación telefónica incluyendo adónde fuiste y qué hiciste. Pregúntale a tu mejor amigo(a) adónde fue y qué hizo. Luego, decidan en qué parte de la zona verde se van a encontrar. Finalmente, pregúntale cómo puedes llegar a ese lugar.

1 Antes de escribir

Dibuja un mapa con los lugares adónde fuiste y escribe qué es lo que hiciste en cada lugar. Menciona por lo menos tres lugares. También incluye la zona verde.

2 Escribir un borrador

Empieza el diálogo con un saludo. Luego cuéntale adónde fuiste y qué hiciste. Pregúntale a él o a ella adónde fue y qué hizo. Ahora, tu mejor amigo(a) te pregunta a ti si quieren encontrarse en la zona verde. Tu dices que sí pero también le pides instrucciones de cómo llegar. Termina la conversación con una despedida.

3 Revisar

Lee tu borrador por lo menos dos veces. Revisa la ortografía y la puntuación. Asegúrate que usaste la forma correcta del pretérito y que las respuestas a las preguntas son lógicas. ¿Has creado un diálogo que suena natural y que describe correctamente los eventos? Puedes intercambiar tu borrador con el de un compañero(a) de clase. Tomen turnos para leerlos en voz alta y así evaluar sus borradores.

Nombre _____ Fecha _____

Antes de leer

Estrategia

Las predicciones Para ser un buen lector, es importante hacer predicciones, o sea, tratar de adivinar lo que va a pasar en una lectura. El lector hace esas predicciones combinando lo que dice el texto, su conocimiento previo y su propia experiencia. A medida que se lee, las predicciones pueden cambiar; por eso, al final de la lectura, es interesante comparar las predicciones que se hicieron con lo que realmente pasó en la historia.

En tu opinión Lee las siguientes declaraciones de los personajes del cuento *Infeliz cumpleaños.* Luego, en una hoja aparte, escribe una predicción lógica para cada declaración.

Declaraciones

1. La verdad es que las costumbres de todos los días traen consigo no sólo una serenidad calmante sino también un profundo aburrimiento.
2. Pero se supone que hoy va a desviarse de lo común, que hoy va a distinguirse del desfile interminable de días idénticos.
3. No es necesario ser intelectual al nivel de Einstein para concluir que dentro de esa cajita no hay cámara de ninguna clase.
4. Pero, para mí, esa caja contiene nada más y nada menos que una profunda frustración.

 ## Vocabulario

Anglicismos. Los **anglicismos** son palabras o frases que se toman prestadas del inglés y se adaptan al español como resultado del contacto que existe entre los hablantes de estos dos idiomas. Los **préstamos** lingüísticos son ejemplos de anglicismos. Muchos préstamos, tales como *suéter, líder o poliéster,* ya están adoptados ortográficamente pero otros se consideran todavía palabras extranjeras, como es el caso de *tour, beep* o *hobby.* La relación constante entre estos dos idiomas, especialmente en comunidades bilingües, ha resultado en el uso rutinario de estas palabras y otras como *lonchar, mopear* y *friquearse.*

Escribe por lo menos seis palabras que usas a diario que crees que sean anglicismos.

1. _____
2. _____
3. _____
4. _____
5. _____
6. _____

Infeliz cumpleaños

En mi casa todos los días sin falta ocurre una serie de actividades en secuencia fija a partir de las seis y media de la mañana:

(1) mamá se levanta y al pasar frente al espejo del pasillo se compone el pelo furtivamente[1] con la mano derecha sin que nadie la vea;

(2) papá emite un gruñido volcánico, se pone la bata y sale a recoger el periódico que con gran frecuencia ha caído justamente donde no debiera, en el rosal;

(3) mi hermanito salta de la cama como un cohete encendido dirigido hacia la cocina, propulsado por el apetito de un dinosaurio adolescente;

(4) mi tío prende, una por una, las cinco computadoras que tiene alineadas en formación militar hasta que cantan a coro el programado saludo musical: «Buenos días, WebMaster Supremo»;

(5) y yo, yo, futura directora de películas conmovedoras y de gran éxito comercial, antes de enfrentarme a las infinitas posibilidades del día, le pido al Universo (de una manera humilde pero, sin embargo, dinámica) que hoy, que hoy sea el día en el cual por fin recibo lo que urgentemente necesito y más deseo en todo el gran y espléndido mundo: una videocámara digital. Con trípode, si fuera posible.

La verdad es que las costumbres de todos los días traen consigo no sólo una serenidad calmante sino también un profundo aburrimiento. En mis sueños cinematográficos, la videocámara es la varita mágica que con su toque sobrenatural transforma toda esa previsible repetición.

Así sigue la escena tradicional: mamá pone el café y saca la caja de huevos del refrigerador, papá empieza a leer el periódico en la mesa mientras espera su desayuno, Dieguito baja en otra ridícula combinación de pantalones y camiseta que no hacen juego y que siempre inspiran en mí las ganas de reír y llorar simultáneamente. (¿Cómo puede ser esta criatura sin rastro de estilo y sin

. . . .

1 a las escondidas

sentido del color mi relación biológica?) Finalmente entra mi tío Sergio, zumbando como piloto de carreras sobre su silla de ruedas, listo para atacar los problemas electrónicos del WebMaster Supremo en el instante que termine el ritual necio pero necesario de desayunar.

Un día habitual y normal en la casa Montemayor se desarrolla más o menos de la manera descrita. Pero se supone que hoy va a desviarse de lo común, que hoy va a distinguirse del desfile interminable de días idénticos, que hoy va a trascender más allá de lo cotidiano[2] para que se recuerde en el futuro como algo único. Único porque es mi cumpleaños. Único porque quizás después de cinco años de ignorar mis peticiones diarias, el Universo, en su infinita sabiduría, por fin las concederá. Y si no el Universo, entonces mis padres, a quienes les había comunicado claramente el modelo, la marca y el precio de mi deseo: setecientos noventa y nueve dólares.

Con mi vasta experiencia de quince años, ya había deducido que rara vez recibe uno lo que realmente quiere para su cumpleaños. Pero en este momento de capital importancia, la llegada a la mágica edad de dieciséis, hice lo que casi nunca me permito hacer: abandoné la lógica en favor de la emoción.

La puerta de mi recámara se abre y detrás de ella veo las caras efervescentes de mi familia en pleno Plan Celebración. Sonrisas de oreja a oreja, gritos de felicidad, brazos extendidos y alegres melodías cantadas en voces desafinadas. Con la sutileza que es mi marca registrada, busco desesperadamente la caja envuelta, el moño gigante, el papel de regalo con tema cinemático, cualquier pequeño detalle que señale la realización de mis sueños «hollywoodenses». Cuando por fin alcanzo a localizar el objeto de mi investigación, por un segundo imperdonablemente elástico, no puedo contener mi desilusión.

En mis manos, mamá deposita una cajita del tamaño de mi palma. No es necesario ser intelectual al nivel de Einstein para concluir que dentro de esa cajita no hay cámara de ninguna clase. El tamaño de la caja indica que contiene una pieza de joyería. Unos aretes, quizás, un anillo de diamante exquisito que todas mis compañeras sinceramente envidiarán. Pero para mí, esa caja contiene nada más y nada menos que una profunda frustración.

....

2 diario y común

C. ¿Por qué hoy es un día especial?

_____
_____
_____
_____
_____

D. ¿Cuántos años va a cumplir la narradora?

_____
_____
_____
_____
_____

E. ¿Qué piensa la narradora que va a recibir para sus cumpleaños?

_____
_____
_____
_____
_____

F. ¿Qué recibe?

_____
_____
_____
_____
_____

Recobré la compostura tan pronto como la había perdido. «Gracias, gracias, mil gracias, ¡qué bonito! muy caro, ¿no? ¡no lo merezco! ¡de veras! ¡qué bello! ¡mira como brilla! ¡cómo van a admirarlo mis amigas! ¡no debieron gastar tanto! Mamá, papá, ¿cómo puedo darles las gracias?»

Traté de consumir mi decepción en palabras y gestos animadores. Mientras abrazaba y besaba a mis padres, mi mente contemplaba las posibilidades. La decisión tenía que ser entre valiente y cobarde. Valiente sería no dar indicación alguna de mis sentimientos verdaderos. Cobarde sería llorar y hacer el papel de la víctima injustamente tratada. Dentro de este torbellino[3] de sentimientos confusos, tuvo el teléfono la compasión de sonar. La familia evacuó mi cuarto instantáneamente.

G. ¿Cómo se llama la narradora? ¿Cuál es su apodo? ¿Le gusta su apodo?

_____
_____
_____
_____
_____

H. ¿Quién llama a la narradora? ¿Cómo se llama el amigo que la llama? ¿Cuál es su apodo?

_____
_____
_____
_____
_____

I. ¿Por qué cuelga enojada la narradora?

_____
_____
_____
_____
_____

—Feliz, feliz, cariño mío.

—Más bien infeliz.

—¿Qué te pasa, chica? ¿Quieres que te traiga unos chocolatitos? Haré todo lo que pidas hoy.

—¿Me das setecientos noventa y nueve dólares para comprar la cámara?

—¿No te la regalaron? Ay, Loli, pobrecita, ¡tenía tantas ganas de actuar en tu primera película!

—Pues olvídate. Sin cámara no habrá película. Y por el amor de Dios, ¿cuántas veces te he dicho que no me llames Loli? Me llamo Dolores. Recuérdalo, 'Betito'.

Corté la línea enojada, pero no con el pobre Gilberto. Pensé lo que suelo pensar después de una discusión con él: «Le llamo más tarde. Siempre nos conformamos». Ahora tenía el problema más urgente de continuar la charada con mis padres. Al bajar las escaleras, oí voces bajas en el pasillo. No quise interrumpir pero sí quise escuchar.

. . . .

3 remolino

—No le gustó el regalo.

—¿Cómo sabes?

—¿Apoco no le viste los ojos cuando abrió la caja?

—Sí, Rafael, pero …

—Pero, ¿qué Graciela? Debimos darle lo que pidió.

—Ya sabes por qué no puedo permitir eso.

—Eso, lo de tu padre, fue hace muchos años. El mundo ha cambiado bastante desde entonces.

—No sé. Tengo un presentimiento…[4] A esa niña le atrae el peligro… No quiero darle nada que la lleve directamente a ello.

—Pero, vaya, Graciela, no es para tanto. Es solamente una cámara, por el amor de Dios.

—Es lo que pensaba papá. Y mira lo que le pasó a él.

Estaba intentando descifrar la conversación telegráfica de mis padres cuando Dieguito empezó a rodearme con sus rimas infantiles.

—No te friquees, Loli, Loli, Loli, ¿por qué estás friqueada?, Loli, Loli, Loli, feliz cumpleaños, Loli, Loli, Loli.

Dieguito, conocido más bien como 'Diggie' entre sus compatriotas escolares, tiene la costumbre irritante de conjugar los verbos del inglés con terminaciones del español. Para él, "friquearse" es la traducción natural de "*to freak out*". Por lo tanto, de su boca suelen salir frases como "no te friquees" o "mamá se friqueó" o "¿viste que se friquearon?"

Mis padres estaban definitivamente friqueados. Yo también. Me libré de Diggie y volví a mi cuarto. ¿Cómo diablos iba a conseguir setecientos noventa y nueve dólares?

....

4 premonición, intuición

J. ¿De qué hablan los padres de la narradora?

_____

_____

_____

_____

K. ¿Cree el padre que le gustó el regalo a la chica?

_____

_____

_____

_____

L. ¿De qué otro pariente hablan?

_____

_____

_____

_____

M. ¿Cómo se llama el hermanito de la narradora? ¿Cuál es su apodo?

_____

_____

_____

_____

N. En una hoja aparte escribe un párrafo sobre qué crees que está planeando la narradora al final del cuento.

_____

_____

_____

_____

Capítulo

3

Nombre _____ Fecha _____

¿Qué piensas tú?

1. ¿Crees que los padres de Dolores le deberían haber dado lo que quería para su cumpleaños? Explica tu respuesta. _____

_____

_____

2. ¿Por qué la madre de Dolores no quiso darle la videocámara para su cumpleaños? ¿A quién se refiere en su explicación a su esposo? _____

_____

_____

3. ¿Crees que Dolores va a conseguir la videocámara o no? ¿Por qué piensas eso? _____

_____

_____

Ortografía

La división de palabras en sílabas

◆ Toda palabra está compuesta de una o más **sílabas**. La **sílaba** es la letra o grupo de letras que se pronuncia con un solo golpe de voz. Contiene siempre o una vocal o un sonido vocálico: *i-ban, rí-o, gran-de, pro-fun-do*. El saber cómo se dividen las palabras en sílabas ayuda a deletrearlas y pronunciarlas correctamente. En español, se dividen las palabras según las siguientes reglas.

1. La sílaba generalmente empieza con una consonante: *po-der, cam-pa-na, pe-lí-cu-la*. Si la palabra empieza con una vocal, entonces la primera sílaba empezará con esa vocal: *u-va, on-da, a-fue-ra, em-pe-za-ra*.

2. En general, cuando hay dos consonantes juntas, la primera consonante va con la sílaba anterior y la segunda consonante va con la próxima sílaba: *gen-te, suer-te, gim-na-sio, e-mer-gen-cia*. No se puede empezar una sílaba con una s seguida por una consonante. La **s** se une a la sílaba anterior: *es-pe-cial, ves-ti-do, es-tor-bar*.

3. La **h**, aunque es muda, sigue las mismas reglas que las otras consonantes; *des-he-cho, ad-he-si-vo*.

4. Hay ciertas combinaciones de letras que nunca se dividen: **bl/br; ch; cl/cr; dr; fl/fr; gl/gr; ll; pl/pr; qu; rr; tl/tr**: *ha-bló, a-brir; le-che; re-cla-mo, es-cri-to; ma-dri-na; a-fli-gir, o-fre-cer; i-gle-sia, a-gra-da-ble; ca-lle; a-pli-ca-da; a-pre-tar; in-quie-to; a-bu-rri-do; a-tle-ta, o-tro*

5. Cuando una palabra tiene tres o cuatro consonantes juntas, se divide según las reglas anteriormente presentadas: *cons-trui-do, trans-por-te, obs-truc-ción*.

6. Dependiendo de cuál es la sílaba acentuada, las combinaciones vocálicas pueden formar una sola sílaba o pueden dividirse en dos sílabas: *pia-no, de-cí-a; bue-no, con-ti-nú-e*.

74 **Capítulo 3**

UN PASO MÁS

Nombre _____ Fecha _____

A. Lee las palabras siguientes en voz alta. Luego escríbelas y divídelas en sílabas.

1. manera _____

2. maravilla _____

3. acción _____

4. enfermo _____

5. anteojos _____

6. blanquillo _____

7. torre _____

8. fotografía _____

9. ochocientos _____

10. problema _____

11. estructura _____

12. realidad _____

13. almohada _____

14. cualquiera _____

15. experiencia _____

◆ Gramática: El imperfecto del subjuntivo

◆ En el pasado, el subjuntivo se usa en los mismos contextos que en el presente. Cuando el verbo de la cláusula principal está en el pasado, entonces toda la oración cambia al pasado. Por lo tanto, el verbo en subjuntivo de la cláusula subordinada también debe estar en el pasado:

> Te **presto** mi bicicleta con tal que me la **traigas** por la tarde. (presente)
> Te **presté** mi bicicleta con tal que me la **trajeras** por la tarde. (pasado)

El imperfecto del subjuntivo se usa...

1. En cláusulas nominales, cuando la cláusula principal expresa influencia, voluntad, duda, negación, emoción, juicio u opinión en el pasado:
   *Yo **no creí que llegáramos** a tiempo.*

2. En cláusulas adverbiales, después de ciertas conjunciones condicionales o temporales, cuando el verbo en la cláusula principal está en el pasado:
   *Le organizaron una fiesta de sorpresa a Beto **sin que** él se **diera** cuenta.*

3. En cláusulas adverbiales, para referirse a situaciones o acciones hipotéticas:
   *Sería fabuloso si **fuéramos** a México este año.*

Nombre _____ Fecha _____

A. Alicia y unos amigos hicieron un viaje a Monterrey el mes pasado. Escribe de nuevo las oraciones sobre el viaje, cambiándolas al pasado.

1. Vamos a salir después de que todos entreguen sus exámenes finales.

_____

2. Es ridículo que justo cuando estamos por salir, Nuria diga que no quiere ir.

_____

3. Mi mamá se preocupa de que salgamos de noche.

_____

4. No creo que la gasolina alcance para llegar a Monterrey.

_____

5. El accidente en la carretera impedirá que lleguemos antes del anochecer.

_____

6. Voy a llamar a mis papás cuando encontremos el hotel.

_____

7. Vamos a comer algo, antes de que se cierren los restaurantes.

_____

B. Completa las preguntas sobre situaciones hipotéticas con el imperfecto del subjuntivo del verbo entre paréntesis.

1. ¿Qué harías si en este momento _____ (ver) a tu cantante favorito?

2. ¿Cómo sería tu casa si tú mismo(a) _____ (poder) diseñarla?

3. Si _____ (tener) que escoger, ¿en qué país vivirías?

4. Si te _____ (elegir) presidente de la clase, ¿qué actividades propondrías?

5. ¿Qué te gustaría comprar si no _____ (ser) tan caro?

6. ¿Qué podrías hacer mañana si no _____ (haber) clases?

7. ¿Cómo te sentirías si _____ (sacar) una «A» en el próximo examen de español?

C. Escribe un párrafo sobre un evento pasado en el que se presentó un problema o un malentendido que se solucionó luego. Explica lo que pasó, usando el imperfecto del subjuntivo para expresar lo que querían y esperaban tú y los demás, qué opinaban todos y cómo reaccionaron. Usa las expresiones del cuadro si quieres.

Quería que…	Mis padres (amigos) esperaban que…
No creía que (creíamos) que…	Todos me dijeron que…
Me parecía increíble (raro) que…	Fue bueno (malo) que…
Era (Fue) interesante que…	(No) Me gustaba que…

MODELO *El año pasado el entrenador de tenis quería que entrenara todos los días. Yo no creía que fuera necesario. …*

Nombre _____ Fecha _____

La vida profesional

Los negocios familiares

En el mundo hispano, hay muchos negocios de familias hispanas donde trabajan más de una generación de la misma familia. En tu comunidad, ¿hay algunos negocios familiares? Es probable que lleven el apellido de la familia en el título del negocio, por ejemplo, *Tienda de muebles Hinojosa* o *Montemayor y Montemayor, Licenciados.* Añade a la lista a continuación tres o cuatro negocios familiares en tu comunidad.

Tienda de artesanías, Austin, Texas

tienda de artesanías

tienda de muebles

tienda de ropa

tienda de comestibles

despacho (o bufete) de abogado

estudio de arquitecto

oficina de ventas de seguro

carnicería

_____

_____

_____

_____

_____

_____

_____

_____

_____

_____

_____

_____

_____

Nombre _____ Fecha _____

La vida profesional

 Vamos a escribir

A. Escoge uno de los negocios familiares que nombraste en la lista de la página 77. Vas a ir a ese negocio a hacerles algunas preguntas a los dueños. Completa el cuestionario a continuación. Asegura que vas a hacerles las preguntas que más te interesan.

Cuestionario

1. ¿Qué venden o cuáles son los servicios que ofrecen?

_____

2. ¿Cuándo empezó el negocio? ¿Quién o quiénes lo fundaron?

_____

3. ¿Tienen clientes hispanohablantes? ¿Qué porcentaje de su clientela es hispanohablante?

_____

4. ¿Cómo preparan a los miembros jóvenes de la familia en el negocio?

_____

5. _____

_____

6. _____

_____

7. _____

_____

8. _____

_____

B. Ahora escribe una párrafo que explique los resultados de tu cuestionario. Escríbelo de una manera que inspire a otros hispanohablantes a empezar sus propios negocios familiares.

_____

_____

_____

_____

_____

_____

_____

UN PASO MÁS

Enfoque básico

Capítulo 4

 GeoVisión *Miami*

Antes de ver

A. Pon un ✓ junto a la frase que complete mejor la siguiente oración.

Miami es famosa por…

_____**a.** su comida mexicana.

_____**b.** las misiones españolas.

_____**c.** ser una capital latinoamericana en Estados Unidos.

Después de ver

B. Vuelve a la Actividad A y encierra la respuesta correcta en un círculo. En un grupo pequeño, hablen sobre la respuesta.

C. Pon los siguientes sucesos de la historia de Miami en el orden correcto.

_____**a.** Muchos cubanos vinieron en 1959.

_____**b.** Los tequestas vivían en la región.

_____**c.** Empezaron a llegar hispanos de casi todos los países.

_____**d.** Los españoles establecieron una misión.

_____**e.** Miami es un centro de comercio muy importante.

D. Completa las siguientes oraciones sobre Miami con las frases del cuadro.

Art Deco	Calle Ocho	Jai alai	Key Biscayne
La Pequeña Habana		Los Jardines Vizcaya	

1. _____ es un barrio cubano.

2. En marzo, mucha gente se reúne en _____ para celebrar la cultura cubana.

3. _____ es un parque magnífico.

4. Se conoce el distrito _____ por su arquitectura.

5. Más al sur se encuentra _____ .

6. _____ es un deporte que viene de España.

E. En una hoja aparte, escribe tus impresiones de Miami en un párrafo breve. Incluye todos los detalles que puedas para explicar tus ideas sobre esta ciudad latinoamericana.

ENFOQUE BÁSICO

4 Vocabulario
en acción 1

◆ Extranjerismos en el deporte

◆ Los extranjerismos son palabras de origen extranjero, como por ejemplo, **fútbol, golf, béisbol.** En el mundo del deporte, son muchos los extranjerismos que tienen equivalentes oficiales en español.

Extranjerismo	Español
amateur	**principiante**
coach	**entrenador**
hacer jogging	**trotar**
locker	**casillero**
motocross	**carrera de motos**
penalty	**máxima sanción**
ranking	**clasificación**
referee	**árbitro**
replay	**repetición**
shorts	**pantalones cortos**
T-shirt	**camiseta**
tenis	**zapato deportivo**
training	**entrenamiento**

1. Subraya los ocho extranjerismos en el siguiente párrafo.

Esta mañana me levanté temprano, me puse unos shorts, un T-shirt y mis tennis e hice jogging. Luego fui al gimnasio para levantar pesas. Es parte de mi training para la competencia de atletismo. Ya sé que soy un amateur en este deporte pero mi coach dice que si me entreno mucho, puedo mejorar mi ranking.

2. Haz una lista de los extranjerismos de la actividad anterior. Al lado de cada uno, escribe su equivalente en español.

1. _____

2. _____

3. _____

4. _____

5. _____

6. _____

7. _____

8. _____

3. Escribe de nuevo las siguientes oraciones, reemplazando los extranjerismos por las palabras equivalentes en español oficial.

1. El referee no es justo.

_____

2. La competición de equitación estuvo fatal.

_____

3. Mis tenis no están en el locker.

_____

4. A mi hermano le encanta el motocross.

_____

5. El jugador uruguayo cometió un penalty.

_____

6. Vimos el gol en replay.

_____

7. ¿Te gusta hacer jogging?

_____

4. Escribe una oración que describa cada dibujo sin utilizar extranjerismos.

1. _____   **2.** _____

_____   _____

3. _____   **4.** _____

_____   _____

ENFOQUE BÁSICO

Nombre _____ Fecha _____

4 Gramática en acción 1

◆ El pretérito de ponerse y decir; expresiones con ponerse

◆ **Ponerse** y **decir** tienen formas irregulares en el pretérito.

yo	me	**puse**	**dijo**
tú	te	**pusiste**	**dijiste**
usted, él, ella	se	**puso**	**dijo**
nosotros(as)	nos	**pusimos**	**dijimos**
vosotros(as)	os	**pusisteis**	**dijisteis**
ustedes, ellos, ellas	se	**pusieron**	**dijeron**

◆ Existen varias expresiones con el verbo **ponerse.**

ponerse + adjetivo (sufrir cambios involuntarios y pasajeros): **Me puse** muy malo entonces fui al hospital. Mis padres **se pusieron** nerviosos.

ponerse a + infinitivo (empezar una acción): **Se pusieron** a gritar.

ponerse al corriente (enterarse): ¿Cómo **te pusiste** al corriente?

ponerse colorado (sentir vergüenza): **Me puse** colorado cuando me caí.

ponerse de acuerdo (con conformidad): Andan vestidos igual porque **se pusieron** de acuerdo.

ponerse de pie (pararse): **Se pusieron** de pie y aplaudieron.

5. Empareja cada oración con la terminación más lógica.

___ 1. Es fácil ponerse al corriente…

___ 2. Se pusieron de pie…

___ 3. Nos pusimos muy tristes…

___ 4. Me pongo colorado…

___ 5. Las animadoras se pusieron…

___ 6. Los equipos se pusieron de acuerdo…

a. a gritar.

b. para jugar en este estadio.

c. con el internet.

d. cuando perdimos.

e. cuando entró el Presidente.

f. cuando siento vergüenza.

6. Completa las oraciones con el pretérito de **ponerse** o **decir.**

1. El entrenador _____ que jugamos muy bien.

2. Los jugadores _____ de acuerdo y le compraron un trofeo.

3. Nosotros le _____ que era el mejor entrenador del mundo.

4. Él _____ colorado y sus ojos se llenaron de lágrimas.

5. Yo también _____ emocionado.

6. Entonces Ricardo y David _____ a cantar canciones rancheras.

7. Todos nosotros _____ a reír y empezamos a bailar.

ENFOQUE BÁSICO

Nombre _____ Fecha _____

Gramática
en acción 1

◆ Cambios de la raíz en el pretérito

◆ Algunos verbos sufren cambios en la raíz de **e** ◄─► **i** y de **o** ◄─► **u** en el pretérito. Estos cambios sólo ocurren en los verbos terminados en **-ir** que sufren cambio de raíz en el presente. Las formas de la tercera persona singular y plural emplean la **i** o la **u**; las demás formas emplean la **e** o la **u**.

	e ◄─► i	o ◄─► u
yo	me sentí	me dormí
tú	te sentiste	te dormiste
usted, él, ella	se sintió	se durmió
nosotros(as)	nos sentimos	nos dormimos
vosotros(as)	os sentisteis	os dormisteis
ustedes, ellos, ellas	se sintieron	se durmieron

◆ Otros verbos que siguen estos patrones son **concebir, divertirse, medir, morirse, pedir, preferir, rendir, repetir, seguir, servir, vestirse.**

7. Completa el párrafo con el pretérito de los verbos entre paréntesis.

¡Qué partido! Los jugadores del otro equipo (1) _____ (seguir)

metiendo goles. Nuestro portero (2) _____ (rendirse) y se fue a

casa. Entonces yo (3) _____ (vestirse) de portero. Cuando me vio, el

capitán del otro equipo (4) _____ (morirse) de la risa porque yo

sólo mido cinco pies. Él nos preguntó: ¿Se rinden? Nosotros

(5) _____ (preferir) continuar y perder que darnos por vencidos.

Así que nosotros (6) _____ (seguir) perdiendo. El capitán

(7) _____ (repetir) la pregunta: ¿Se rinden? <<¡Jamás!>> dije yo. Al

final, nosotros (8) _____ (sentirse) muy cansados pero contentos.

Muchos jugadores (9) _____ (dormirse) en el autobús. Antonio

(10) _____ (servirse) diez vasos de agua. ¿Y el capitán del otro

equipo? Él nos (11) _____ (pedir) disculpas por meternos 15 goles.

<<No importa>> le dijimos. <<Nosotros (12) _____ (divertirse)

mucho.>>

ENFOQUE BÁSICO

Capítulo

4

en acción 1

◆ El pretérito de ser y estar

◆ Los verbos **ser** y **estar** son irregulares en el pretérito.

	ser	estar
yo	fui	estuve
tú	fuiste	estuviste
usted, él, ella	fue	estuvo
nosotros(as)	fuimos	estuvimos
vosotros(as)	fuisteis	estuvisteis
ustedes, ellos, ellas	fueron	estuvieron

◆ Existen muchas expresiones con **ser** y con **estar.**

ser bien/mal visto considerado   **Fue mal visto** que el árbitro se riera.

ser un rollo insoportable   El debate **fue un rollo.**

ser un cero a la izquierda no tener   El jugador 12 **fue un cero a la izquierda**
   ninguna influencia   durante todo el partido.

ser más claro que el agua   La disculpa **fue más clara que el agua.**
   evidente, sincero

estar hasta la coronilla harto   **Estuvimos hasta la coronilla** de practicar con la banda.

estar a punto de casi   La ganadora **estuvo a punto de** llorar.

estar en la luna distraído   **Estuve en la luna** toda la semana.

estar hecho polvo muy cansado   **Estuve hecho polvo** después del maratón.

8. Completa las oraciones con las palabras correctas.

1. La competencia de oratoria _____ (fue/estuvo) en el auditorio.

2. Mi hermana _____ (fue/estuvo) a punto de irse porque estaba aburrida.

3. Según ella, la competencia _____ (fue/estuvo) un rollo.

4. Dice que _____ (fue/estuvo) hasta la coronilla de metáforas.

5. Yo pienso que los discursos _____ (fueron/estuvieron) interesantes.

6. El discurso de Javier _____ (fue/estuvo) más claro que el agua.

7. El argumento de Victoria _____ (fue/estuvo) bien visto por el público.

8. El discurso de Gabriela, por otro lado, _____ (fue/estuvo) un cero a la izquierda.

9. Completa cada oración con la forma correcta de **ser** o **estar.**

1. La competencia de golf _____ en el club campestre Laguna.

2. Mis amigos y yo _____ de paso allí un día.

3. Yo vi a un jugador que _____ campeón nacional hace muchos años.

4. Mi amigo Beto _____ en la luna todo el día y no lo vio.

5. Mi otro amigo, Mario, gritó <<¡olé!>> pero eso _____ mal visto y

   Mario _____ a punto de ser expulsado del club.

6. Cuando nosotros _____ hasta la coronilla de golf, nos fuimos a casa.

7. Hacía tanto calor y caminé tanto ese día que cuando llegué a casa,

   _____ hecho polvo hasta el día siguiente.

10. Combina elementos de cada cuadro para escribir cinco oraciones en el
pretérito.

yo el partido los jugadores mis amigos y yo el público	divertirse estar ponerse sentirse ser	a gritar mucho orgullosos buenísimo un cero a la izquierda

1. _____

2. _____

3. _____

4. _____

5. _____

11. Escribe tres oraciones en el pretérito sobre la competencia de
patinaje sobre hielo que aparece en el dibujo. Usa más papel si
es necesario.

ENFOQUE BÁSICO

VideoCultura *Comparaciones*

Antes de ver

A. Empareja cada pregunta con la respuesta más lógica.

_____**1.** ¿Cuáles son algunos deportes populares?

_____**2.** ¿Qué deportes practicas tú?

_____**3.** ¿Hay competencias?

_____**4.** ¿Cómo salió el último partido?

a. Yo practico el béisbol.

b. Mi equipo perdió cinco a siete.

c. Sí, están el campeonato estatal y el campeonato nacional.

d. El básquetbol y el béisbol son populares aquí.

Después de ver

B. En la lista a continuación, pon un ✓ junto a los deportes que se mencionan en las entrevistas.

_____el fútbol americano	_____el fútbol
_____el volibol	_____la lucha libre
_____el baloncesto	_____el atletismo
_____el béisbol	_____la natación

C. Completa el siguiente párrafo según lo que dice Danny.

Los deportes que yo practico son _____, béisbol y el _____ .

En cada deporte, hay una _____ anual. Es muy grande y tiene

_____ de todas partes del estado. El último _____ de fútbol

_____ el campeonato del estado por tres a uno.

D. Contesta las preguntas de la Actividad **A** como si te fueran hechas a ti.

_____

_____

_____

_____

_____

_____

Vocabulario  en acción 2

◆ Otras partes del cuerpo y síntomas

◆ Partes del cuerpo   ◆ Síntomas

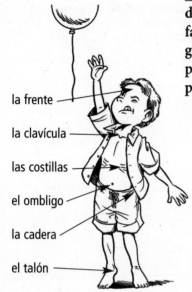

la frente

la clavícula

las costillas

el ombligo

la cadera

el talón

<u>malestar general</u>
desmayo
fatiga
ganglios inflamados
palidez
presión (sanguínea) alta

<u>estómago</u>
acidez (del esófago)
mareo
náusea
vómito

<u>digestión</u>
diarrea
eructo
estreñimiento
indigestión

<u>infecciones/resfrío</u>
congestión nasal
escalofríos
fiebre
secreción nasal

<u>alergia/ambiental</u>
ardor (en los ojos)
picazón

12. Empareja cada síntoma del cuadro con la parte del cuerpo correspondiente. Busca en el diccionario las palabras que no conozcas.

acidez	calambre en la pantorilla
ganglios inflamados	palidez
secreción nasal	dolor de cadera

1. _____

2. _____

3. _____

4. _____

5. _____

6. _____

ENFOQUE BÁSICO

13. Empareja cada síntoma con el mejor consejo.

___ 1. Me arden los ojos.

___ 2. Tengo escalofríos y siento fatiga.

___ 3. Tengo náusea y vómito.

___ 4. Me duele el talón.

___ 5. Tengo el ombligo infectado.

___ 6. Me acabo de desmayar.

a. Véndate el pie y no camines mucho.

b. Debes tomarte la presión sanguínea.

c. Ponte estas gotas.

d. Debes de tener fiebre. Quédate en cama.

e. Tómate estas pastillas contra el mareo.

f. Ponte este ungüento.

14. Completa las oraciones con las palabras del cuadro.

ardor	barbilla	costilla	eructo
diarrea	malestar general	tos	picazón

1. Tengo indigestión. Después de comer, _____ mucho.

2. Estoy resfriado. Estornudo mucho y tengo _____.

3. Comí pescado malo y ahora tengo _____.

4. Este jarabe es para la fiebre, congestión nasal y el _____.

5. Me corté la _____ afeitándome y ahora la tengo infectada.

6. Me rompí una _____ jugando al fútbol americano.

7. La acidez causa _____ en el estómago y el esófago.

15. Escribe una conversación entre la médica y el paciente de la foto. El paciente describe sus síntomas y la médica le da consejos.

_____

_____

_____

_____

_____

_____

_____

_____

_____

_____

ENFOQUE BÁSICO

Nombre _____ Fecha _____

Gramática  en acción 2

◆ Pronombres reflexivos

◆ El pronombre reflexivo se refiere a la misma persona representada en el sujeto. Puede funcionar como complemento directo: El carpintero **se** lastimó. También puede funcionar como complemento indirecto: El carpintero **se** golpeó el dedo.

◆ **¡OJO!** En el habla popular es común decir *Me corté **mi** dedo. Lo oficial es utilizar el artículo definido: Me corté **el** dedo.

◆ En el habla popular se emplean pronombres reflexivos con algunos verbos como por ejemplo, **suponerse** (por **suponer**).

Popular	Oficial
*Me supongo** que estás mejor.	**Supongo** que estás mejor.
*No **me recuerdo** del dolor.	**No recuerdo** el dolor.
*Se culminó** con un bello gol.	**Culminó** con un bello gol.
*El partido **se finalizó** a las dos.	El partido **finalizó** a las dos.

16. Marca con una X las oraciones en las cuales el pronombre reflexivo funciona como complemento indirecto.

_____ 1. Me lastimé la cadera durante la competencia de equitación.

_____ 2. La patinadora se torció el tobillo y la muñeca.

_____ 3. No fui al debate porque me resfrié.

_____ 4. El médico dijo que te rompiste dos costillas.

_____ 5. Abuela se cayó en la ducha pero no le pasó nada.

_____ 6. Niños, tómense el jarabe ya.

17. Combina elementos de cada cuadro para escribir cuatro oraciones en el pretérito. Incluye los pronombres y artículos necesarios.

yo	lastimar	dedo
tú	poner	caída
mi amigo	cortar	curita
los jugadores	recordar	muñeca

1. _____

2. _____

3. _____

4. _____

ENFOQUE BÁSICO

Nombre _____ Fecha _____

4 Gramática *en acción* 2

◆ El participio pasado como adjetivo

- ◆ El participio pasado puede servir como adjetivo: *piel* **quemada,** *dedo* **cortado.**

- ◆ Para formar el participio pasado de los verbos regulares, se cambia la terminación del infinitivo por **-ado** si el infinitivo termina en **-ar,** o por **-ido** si termina en **-er** o **-ir:**
  vendar ➝ **vendado torcer** ➝ **torcido.**

- ◆ Dos verbos que tienen participios pasados irregulares
  romper ➝ **roto**
  abrir ➝ **abierto**

- ◆ Cuando el participio pasado funciona como adjetivo, debe concordar en número y género con el sustantivo que modifica. Tengo las **manos hinchadas.**

- ◆ El participio pasado puede describir una lesión: *ligamento* **desgarrado,** *mano* **lesionada,** *hueso* **fracturado,** *ojos* **inflamados,** *rodilla* **raspada.**

18. Completa cada oración con el participio pasado correcto.

____ **1.** Carlota tiene la mano...   **a.** hinchado.

____ **2.** Arturo tiene ambas rodillas...   **b.** desgarrado.

____ **3.** Mabel se torció el tobillo y lo tiene... **c.** lesionada.

____ **4.** Fabio tiene dos huesos...   **d.** infectado.

____ **5.** Yo tengo el ojo inflamado pero no...   **e.** rotos.

____ **6.** Raquel tiene un ligamento...   **f.** raspadas.

19. Completa las oraciones con el participio pasado de los verbos del cuadro.

abrir	desgarrar	infectar	lesionar
raspar	romper	torcer	vendar

1. Muchos jugadores del equipo de fútbol están _____.

2. Dos jugadores tienen las rodillas _____.

3. El portero tiene un ligamento del hombro_____.

4. Joaquín se cayó corriendo y ahora tiene el tobillo _____.

5. David también se cayó y tiene el brazo_____.

6. Yo me lastimé el codo y ahora lo tengo _____.

7. La entrenadora se dio un golpe en la frente y la tiene _____.

8. ¡Qué bueno que las puertas del hospital siempre están _____!

Nombre _____ Fecha _____

Gramática en acción 2

◆ El pretérito de verbos como caer

- ◆ Verbos en **-er** e **-ir** cuyas raíces terminan en vocal, como por ejemplo **caer,** sufren un cambio ortográfico en la tercera persona singular y plural.

yo	me	**caí**	nosotros(as)	nos	**caímos**
tú	te	**caíste**	vosotros(as)	os	**caísteis**
usted, él, ella	se	**cayó**	ustedes, ellos, ellas	se	**cayeron**

- ◆ Otros verbos que siguen el mismo patrón incluyen: **leer, poseer, proveer, roer.** El ratón **royó** el libro que **leíste.**

- ◆ Verbos que terminan en **-uir** sufren el mismo cambio ortográfico pero no llevan acento sobre la i: **Reconstruyeron** la ciudad después de que la **destruimos.** Algunos verbos terminados en **-uir** son **construir, contribuir, destruir, fluir, huir, incluir, influir.**

20. Marca con una X las oraciones que contengan un verbo en el pretérito.

_____ **1.** Construyeron un nuevo hospital en el centro de la ciudad.

_____ **2.** Yo lo leí en el periódico local.

_____ **3.** El río Blanco fluye cerca del hospital.

_____ **4.** Guillermo se cayó en ese río cuando era niño.

_____ **5.** La familia de Guillermo siempre contribuye dinero al hospital de niños.

_____ **6.** El nuevo hospital incluye una sala de emergencias y un centro de cáncer.

_____ **7.** Cuando te caíste del árbol, ¿fuiste al nuevo hospital?

21. Completa las oraciones con el pretérito de **caerse.**

1. Todos mis amigos _____ este fin de semana.

2. Armando _____ de la bicicleta.

3. Sara _____ patinando sobre hielo.

4. Yo _____ del caballo.

5. Luego Pati y yo _____ del bote de pesca.

6. Federico y Gilberto también _____ al agua.

7. Tú no _____, ¿verdad?

8. ¿Vosotros nunca _____ y rompisteis un hueso?

ENFOQUE BÁSICO

Nombre _____ Fecha _____

22. Contesta las preguntas según el modelo.

    MODELO   ¿Van a destruir el castillo de arena? **<u>Ya lo destruyeron.</u>**

    1. ¿Van a construir un estadio? _____

    2. ¿Vas a leer esta novela? _____

    3. ¿Van a caerse los adornos? _____

    4. ¿Vas a incluir este dato en tu informe? _____

    5. ¿Va a huir de la ciudad? _____

    6. ¿Van a poseer la finca? _____

    7. ¿Vas a contribuir a la fundación? _____

    8. ¿Va a roer el tronco? _____

23. Completa las oraciones y di cómo se cayeron las personas y qué parte del cuerpo tienen lastimadas. Usa las palabras del cuadro o tus propias ideas.

    MODELO   Sergio **<u>se cayó corriendo</u>** y ahora tiene **<u>el tobillo torcido</u>**.

de un árbol	del caballo	romper	hinchar
patinando	del bote	torcer	desgarrar
esquiando	corriendo	raspar	fracturar
de la bicicleta		lesionar	

    1. Érica _____ y ahora tiene
_____.

    2. Pablo _____ y ahora tiene
_____.

    3. Yo _____ y ahora tengo
_____.

    4. Ana y Lola _____ y ahora tienen
_____.

    5. Tú _____ y ahora tienes
_____.

    6. Miguel _____ y ahora tiene
_____.

    7. Nosotros _____ y ahora tenemos
_____.

¡Leamos! **Freedom Tower en Miami**

En 1925, se construyó el edificio *Freedom Tower* para las oficinas del periódico *Miami News & Metropolis.* Aproximadamente 30 años más tarde, el periódico quebró y el edificio quedó vacío.

Cuando los refugiados cubanos, huyendo del régimen de Castro, llegaron a Florida, el gobierno usó el edificio para proporcionarles a los inmigrantes papeles y servicios médicos y dentales. Como la isla Ellis de Nueva York, la torre les dio simbólicamente la libertad a miles de cubanos y por eso se le empezó a llamar *Freedom Tower.*

En los años setenta, cuando el gobierno vio que ya no era necesario ocupar el edificio, lo cerraron. La torre se vendió varias veces pero al final quedó abandonada por muchos años. Nadie estaba

interesado en comprarla porque parecía ser una mala inversión hasta que en 1997, el cubano exiliado Jorge Más Canosa, la compró por 4.1 millones de dólares y la torre fue renovada a su estado original.

Hoy día, la torre es un monumento a todos los refugiados cubanos que llegaron a los Estados Unidos y ofrece una variedad de diferentes servicios. En el primer piso hay un museo que muestra cómo eran los barcos que se usaron para cruzar el océano y la vida antes y durante el gobierno de Castro. Las oficinas ahora son utilizadas por el *Cuban American National Foundation,* sus salones se usan para conferencias y fiestas, y la terraza en la azotea, la cual tiene vista al centro de Miami, es un lugar ideal para recepciones.

Comprensión

Según la lectura, indica si las siguientes oraciones son **ciertas** o **falsas.**

_____ 1. Originalmente, la torre fue construida para las oficinas de un periódico.

_____ 2. Una compañía privada compró el edificio para que los refugiados cubanos podían ir allí y recibir sus papeles.

_____ 3. Después de los años 1970, la torre quedó abandonada.

_____ 4. Ahora, el *Cuban American National Foundation* ocupa las oficinas.

En tu opinión

1. ¿Por qué crees que Jorge Más Canosa compró el edificio?

_____

2. Si le tuvieras que poner otro nombre a la torre, ¿cómo la llamarías?

_____

3. Aparte de ser un monumento a los refugiados cubanos, ¿qué otra función tiene la torre?

_____

¡Escribamos!

Estrategia para escribir Los detalles específicos no sólo hacen tu escritura más interesante, pero también se prestan para dar claridad y credibilidad a un informe o cuento. Los detalles que añades dan ejemplos concretos, lo cual ayuda a tus lectores a entender lo que has escrito. También le dan vida a tu escritura.

¡Fue todo un fracaso!

Imagina que uno de tus compañeros de equipo no pudo ir a la primera competencia de atletismo porque estaba en casa con varicela *(chicken pox)*. Ahora quiere saber cómo les fue. Escríbele una carta contándole que la competencia estuvo fatal; ¡no ganaron porque cinco de sus compañeros se lastimaron! Explícale en detalle qué paso, tus reacciones a cada accidente y qué consejos les dio el entrenador.

1 Antes de escribir

En un cuadro escribe los nombres de cinco compañeros de equipo y describe el accidente que tuvo cada uno. Luego cuenta cómo reaccionaste tú e incluye los consejos que les dio el entrenador.

Mis compañeros	Los accidentes	Mis reacciones	Los consejos
Andrés	le dio un calambre	me dio tristeza	Estírate antes de correr.

2 Escribir un borrador

Empieza tu carta con un saludo. Luego, usando tu cuadro cuéntale que la competencia de atletismo estuvo fatal porque cinco de sus compañeros de equipo se lastimaron. Explícale en detalle qué le pasó a cada uno de ellos, cómo reaccionaste y qué consejo les dio el entrenador. Finalmente, dale tú un consejo a tu compañero que está en casa con la varicela.

3 Revisar

Lee tu borrador por lo menos dos veces. Revisa que hayas usado el pretérito y los mandatos correctamente. También asegúrate que los accidentes sean creíbles. ¿Incluiste suficiente detalles para que tu escritura sea más interesante?

4 Un paso más

Antes de leer

Estrategia

Pensando en voz alta. El buen lector reacciona a lo que está leyendo mientras lee, pero generalmente lo hace en su mente; no lo expresa en voz alta. Pensar en voz alta es una buena estrategia para identificar problemas o soluciones, preguntarse el significado de las palabras o frases, y hacer predicciones, comparaciones, o comentarios que puedan ayudar a comprender un texto.

Mi reacción. Lee las siguientes oraciones del comienzo del cuento *Salvavidas* y, en una hoja aparte, escribe tu reacción a cada oración. Tu reacción puede ser una predicción, una comparación, un comentario, o la identificación de un problema o su solución.

MODELO Dolores no lo sabe pero fue ella la que me salvó la vida.
Un comentario: El narrador le tiene que tener un gran afecto a esta persona Dolores, porque ella le salvó la vida.

1. La cuido a larga distancia—es tan independiente que si supiera cómo la vigilo se instalaría en un enfado permanente conmigo…

2. Dolores no es el tipo de chica que lo quiere todo: no desea los accesorios típicos de la jovencita "highschoolera".

3. No es que sea ángel (porque todos los que la conocemos sabemos muy bien que no lo es) sino que las cosas que le interesan…surgen de un nivel más allá de lo materialista.

4. Desde niña ha demostrado el don del fotógrafo.

◆ Vocabulario

Cognados falsos. Hay ocasiones en las que la escritura de dos palabras es la misma o muy parecida en las dos lenguas, pero el significado es completamente diferente en sus usos más frecuentes. Éste es el caso de los **cognados falsos**. Por ejemplo, *pariente, suceso* y *librería* no significan lo mismo que *parent, success* y *library*. Es importante tener en cuenta el contexto en que aparecen los cognados y consultar el diccionario siempre que haya alguna duda.

Escoge por lo menos tres pares de palabras. En una hoja aparte, escribe una oración usando cada palabra con su significado correcto. Usa el diccionario si hace falta.

rudo/descortés	aplicar/mandar	personaje/carácter
presente/regalo	colegio/universidad	argumento/discusión
asistir/atender	éxito/suceso	dar cuenta/realizar

Capítulo 4 **95**

A. ¿Quién es el narrador del cuento? ¿Cómo sabes?

_____

_____

_____

_____

_____

B. ¿Qué dice tío Sergio que hizo Dolores para él?

_____

_____

_____

_____

_____

C. Según tío Sergio, ¿es Dolores una chica típica?

_____

_____

_____

_____

_____

D. ¿Cuál es el talento que ha mostrado Dolores desde pequeña?

_____

_____

_____

_____

_____

Salvavidas

Mi sobrina Dolores no lo sabe pero fue ella la que me salvó la vida. Algún día se lo diré pero, por ahora, le doy las gracias a diario sin que se dé cuenta. La cuido a larga distancia —es tan independiente que si supiera cómo la vigilo se instalaría en un enfado permanente conmigo, algo que no podría ni permitir ni soportar.

Dolores no es el tipo de chica que lo quiere todo: no desea los accesorios típicos de la jovencita "highschoolera". Ahora que lo pienso, no me puedo acordar de la última vez (antes de la videocámara) que haya pedido algo material sólo para darse gusto.

No es que sea ángel (porque todos los que la conocemos sabemos muy bien que no lo es) sino que las cosas que le interesan, las ideas que la preocupan, los pensamientos que la entretienen, surgen de un nivel más allá de lo materialista.

Desde niña ha demostrado el don del fotógrafo. Siempre mirando y evaluando el mundo a través del cuadrito que es la lente. Una vez la encontré hincada entre dos sillas vigilando, como espía, por un huequito[1] formado entre los respaldos, una conversación animada entre mi hermana y su mejor amiga mientras tomaban su merienda de todas las tardes. Estaba en un estado de hipnosis tan completo que no me sintió, ni siquiera escuchó el rechinar omnipresente de mi silla de ruedas.

....

1 espacio pequeño

Dicen que la genética explica la mayoría de las tendencias, las formas de ser, el modo de analizar el mundo. Es verdad que papá era matemático por excelencia, y que de allí nació mi amor por las computadoras. Pero en la familia, todos sabíamos y aceptábamos que su verdadera pasión era la fotografía. Mi hermana Graciela cree, en los rincones más oscuros de su alma, que fue esa pasión lo que lo mató. Yo no estoy de acuerdo con ella. A papá lo mató la política, no la foto que insistió en publicar.

Cuando Graciela ve en los ojos de su hija el mismo afán por las imágenes, vive de nuevo el terror de esa noche cuando llegó la policía a avisarle a mamá que se acababa de convertir en viuda después de tantos años de ser esposa. No la puedo culpar a la pobre Graciela. Yo también sentí el "no puede ser" de la pesadilla despierta, el temor desenfrenado[2] de un futuro sin padre, el no aceptar la pérdida de un ser extraordinario, un ser, simplemente, sin sustituto. Graciela, Graciela, Graciela. Yo también lo sentí: el desconsuelo prolífico.

Años después, en la cumbre[3] de nuestras repetidas batallas contra las autoridades, nuestras campañas semi-adultas para lograr la independencia y la autoestima, los dos pasamos por una etapa en la cual el enojo hacia papá por haber puesto sus principios antes que su familia nos comía por dentro. La diferencia es que yo he logrado perdonarlo; al contrario, Graciela nunca lo ha conseguido.

Hay algunas cosas tan grabadas en el ADN de uno que no hay modo de erradicarlas. Graciela nunca logrará quitarle el ojo fotográfico a su hija. No sé por qué no lo acepta.

. . . .

2 sin frenos, fuera de control   **3** culminación

*Contesta las preguntas de **Comprensión** en una hoja aparte.*

E. ¿Qué era el abuelo de Dolores?

_____
_____

F. ¿Cuál era su verdadera pasión?

_____
_____
_____

G. ¿Qué cree Graciela (la mamá de Dolores) que mató a su papá? ¿Qué cree tío Sergio?

_____
_____
_____
_____

H. ¿Cómo supieron de la muerte de su padre Graciela y Sergio?

_____
_____
_____

I. ¿Perdonaron a su padre los dos? ¿Quién sí y quién no?

_____
_____
_____
_____

*Contesta las preguntas de **Comprensión** en una hoja aparte.*

J. ¿Qué le ha dado Graciela a Sergio?

_____

_____

_____

_____

_____

K. ¿Qué le pide Dolores a su tío Sergio?

_____

_____

_____

_____

_____

L. ¿Qué le aconseja tío Sergio a Dolores? ¿Por qué?

_____

_____

_____

_____

_____

Yo soy huésped en esta casa. Mi hermana, con su corazón de oro, me ha regalado el espacio físico y espiritual que necesito para curarme del susto de haber perdido el uso de mis piernas. La deuda que tengo con ella es tan inmensa que no existen cálculos matemáticos que puedan expresar la enormidad de mi agradecimiento. No es difícil imaginar la consternación que me invadió cuando entró Dolores a mi cuarto a decirme:

—Tío. Ayúdame a vender el anillo.

—Pero, hija. ¿El anillo que te regalaron tus padres para tu cumpleaños?

—Ése mismo.

A los dieciséis años yo también era rebelde y cabezudo. Sin ser hipócrita, ¿cómo iba a disuadirla de cometer ese monstruoso error?

—Hija. Usa la cabeza. Tus papás se van a dar cuenta. No hay modo de venderlo sin que se enteren.

—¿De quién es el anillo?

—Tuyo.

—Y lo que le pertenece a uno, legítimamente, uno lo puede vender, ¿no?

—Tienes razón, Dolores. Pero sabes muy bien que estás bailando sobre arenas movedizas.

—Les pedí la videocámara. El anillo tuvo que haber costado más.

—No es cuestión de costo. Los regalos no se venden, Dolores. Se aprecian.

La cara que me dio me derritió el corazón. En sus labios noté el temblor que reflejaba su pacto interno de no llorar ante de nadie. Vi la determinación nacer y crecer en su cuerpo.

—Tío. Necesito la videocámara. La necesito mucho más de lo que necesito el anillo.

—Necesitar es una palabra muy fuerte, Dolores. ¿Para qué la necesitas?

—Para hacer mi primera película. La que me va a hacer ganar el concurso.

—¿Qué concurso?

—El del Web. Tú sabes, tío, por favor, no te hagas el tonto.

—El concurso, Dolores. ¿Vale más el concurso que lo que van a sentir tus padres cuando se den cuenta que los has engañado?

Sabía la contestación a la pregunta antes de hacerla. Pero la verdad es que el puesto de tío no viene con un manual completo que explique las soluciones a los dilemas diarios del tío en la onda.

—Tío, ¿me puedes vender el anillo por la red? Solo necesito ochocientos dólares. Sé que el anillo vale mucho más.

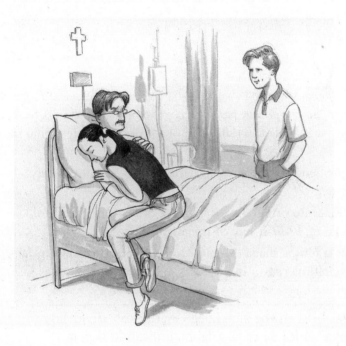

Aquel día en el hospital, horas después de mi accidente, Dolores me abrazó con una ternura tan completa y tan sincera que mis deseos de terminar mi vida se evaporaron instantánea y absolutamente. ¿Cómo le iba a decir a mi salvavidas que no?

En los momentos inesperados de la vida, cuando no se presentan soluciones inmediatas, hay que seguir adelante con toda la fuerza de las convicciones. Dolores merecía la videocámara. Dolores era una chica trabajadora con ideas y visiones que tenían que florecer y que yo mismo quería presenciar.[4] ¿Por qué no darle los ochocientos dólares? Ella tendría su querida cámara y yo guardaría el anillo hasta que llegara el momento en el cual tuviéramos que enfrentar a su madre.

Las matemáticas me han enseñado algo: hay cosas invariables. Dolores iba a conseguir esa cámara sin o con mi ayuda. Mejor con, según el manual del tío.

....

4 observar, ser testigo de

M. ¿Por qué quiere vender el anillo Dolores?

_____

_____

_____

_____

N. ¿Cómo se lastimó las piernas tío Sergio? ¿Qué hizo Dolores para él ese día?

_____

_____

_____

_____

_____

O. ¿Decide tío Sergio ayudarla o no?

_____

_____

_____

_____

_____

P. En una hoja aparte, escribe tu reacción a la resolución del cuento.

_____

_____

_____

_____

¿Qué piensas tú?

1. ¿Crees que Dolores tiene derecho de vender el anillo? Explica. _____

_____

2. ¿Crees que tío Sergio tomó la decisión adecuada? ¿Por qué sí o por qué no? _____

_____

3. ¿Crees que vaya a haber consecuencias al final por la venta del anillo? ¿Qué crees que

suceda? _____

Ortografía

El acento tónico

◆ En las palabras de más de una sílaba, siempre hay una sílaba que se pronuncia con más fuerza o intensidad que las otras: *lar-go; pe-sar; her-ma-no, jó-ve-nes, ca-ba-lle-ros.* Se le llama acento tónico al «golpe» que se le da a esa sílaba. La sílaba que lleva este acento tónico se llama la **sílaba tónica**.

    1. La sílaba tónica no siempre tiene que llevar acento ortográfico: *bos-que, can-to, e-no-ja-da, e-xa-men, na-tal.*

    2. Cuando se necesita usar el acento ortográfico, siempre se coloca en la sílaba tónica: *có-mo-dos, lám-pa-ra, vi-ví-an, be-llí-si-ma, en-tró; ta-zón, ja-po-nés.*

    3. La sílaba tónica puede ser la última sílaba (*Ja-pón, sa-bor*), la penúltima (*cuer-da, ins-tru-men-to*), la antepenúltima (*pá-ni-co, ár-bo-les*) o la preantepenúltima (*pá-sa-me-la, en-tré-guen-me-lo*).

A. Pronuncia las siguientes palabras en voz alta. Luego escríbelas y divídelas en sílabas. Identifica la sílaba tónica de cada palabra, indicando si es la última, penúltima o antepenúltima sílaba.

MODELO   español
Escribes: *es-pa-ñol; -ñol; última*

    1. animales _____

    2. atroz _____

    3. avaro _____

    4. catástrofe _____

    5. comenzó _____

    6. construcción _____

    7. fantástico _____

    8. indígena _____

    9. perdiéndose _____

    10. tempestad _____

UN PASO MÁS

Gramática: El condicional

El condicional se usa...

1. En combinación con el imperfecto del subjuntivo, para referirse a situaciones o acciones hipotéticas. Se usa la fórmula **si** + *imperfecto del subjuntivo*, seguido por un verbo en el **condicional**.
   *Si **te acostaras** más temprano, te **sentirías** mejor.*

2. Es posible cambiar el orden de esta fórmula:
   *Me **encantaría si pudieras** pasar las vacaciones con nosotros.*

3. Para hacer una conjetura sobre una acción en el pasado:
   *Lo llamamos varias veces pero no contestó. ¿**Habría** salido?*

A. En el cuento *Salvavidas*, si pasaran algunas cosas, entonces pasarían otras. Escribe qué pasaría si ocurriera lo que se describe en la primera frase. Sigue el modelo.

MODELO (Dolores) hablar con su tío / (él) ayudarla
Escribes: *Si Dolores hablara con su tío, él la ayudaría.*

1. (su tío) ayudarla / (ella) vender el anillo

   _____

   _____

2. (Dolores) vender el anillo / (ella) comprar la videocámara

   _____

   _____

3. (Dolores) comprar la videocámara / (ella) participar en el concurso del Web

   _____

   _____

4. (Dolores) participar en el concurso / (ella) ganarlo

   _____

   _____

5. (su madre) darse cuenta / (ella) enojarse con los dos

   _____

   _____

6. (Dolores) decirles la verdad a sus padres / (ellos) comprarle la videocámara

   _____

   _____

UN PASO MÁS

B. Un amigo habla de lo que le gustaría hacer para cambiar su vida. Para cada situación o problema, escribe una oración hipotética en la que le das consejos. Usa el condicional y el imperfecto del subjuntivo.

MODELO   Necesito graduarme lo antes posible pero me faltan cuatro clases todavía.
ESCRIBES: *Si tomaras dos clases en el verano, te graduarías este año.*

1. Me gustaría aprender a tocar la guitarra pero este año estoy en el coro y también en el equipo de béisbol. _____

    _____

2. Creo que debo buscar trabajo pero no tengo carro. _____

    _____

3. Mis dos mejores amigos viven en Chile ahora. ¡Cómo quisiera visitarlos! _____

    _____

4. No sé qué hacer para tener más amigos. _____

    _____

5. Salgo de noche todos los fines de semana y por eso no estoy listo para las clases el lunes. _____

    _____

6. Vengo al colegio a pie y siempre llego tarde. _____

7. Me gustaría invitar a Isabel a salir conmigo, pero soy tímido y no sé si le caigo bien.

    _____

    _____

8. Quisiera hacer ejercicio por la mañana antes de clase, pero me siento tan cansado cuando suena el despertador que no me puedo levantar. _____

    _____

9. Sueño con ingresar a la universidad el año que viene, pero la matrícula es muy cara.

    _____

    _____

La vida profesional

El bilingüismo en los Estados Unidos

En una comunidad hispana en los Estados Unidos, ¿quiénes necesitan saber hablar español? ¿Qué servicios existen para las personas hispano-hablantes de tu ciudad? Mira la lista a continuación y añade cuatro profesiones o campos adicionales que necesitan empleados bilingües. Explica por qué crees que estas personas deben de ser bilingües.

bomberos

policía

gasolineros

empleados administrativos

enfermeras

farmacéuticos

paramédicos

médicos

_____

_____

_____

_____

_____

_____

_____

_____

_____

_____

_____

_____

_____

_____

_____

La policía en la comunidad

UN PASO MÁS

La vida profesional

◆ **Vamos a escribir**

A. Escoge una de las profesiones u oficios de la lista de la página 103. Busca a alguien en tu comunidad que trabaje en esa profesión. Entrevístalo(a) para conocer más sobre el uso del español en su trabajo. Primero, completa el cuestionario que sigue.

1. ¿Dónde aprendió a hablar español? _____

_____

2. ¿Qué tanto usa el español en su trabajo? _____

_____

3. ¿Cuántos de sus colegas hablan español? _____

_____

4. _____

_____

5. _____

_____

6. _____

_____

7. _____

_____

8. _____

_____

B. Ahora, haz una cita con la persona que identificaste en la Actividad **A.** Ve a entrevistarlo(la) y hazle las preguntas de tu cuestionario. Luego, escribe un párrafo breve sobre tu entrevista y lo que aprendiste. ¿Te sorprendió algo que te dijo sobre el uso del español en su trabajo? ¿Qué fue?

_____

_____

_____

_____

_____

UN PASO MÁS

Enfoque básico

GeoVisión *San José*

Antes de ver

A. Escribe una lista de cinco edificios que esperas ver en una ciudad capital.

_____

_____

Después de ver

B. En la lista a continuación, pon un ✓ junto a las cosas que viste en el video.

_____ acuario	_____ plazas	_____ museos
_____ parques	_____ puerto	_____ mercados
_____ monumentos	_____ universidad	_____ teatros
_____ ruinas de templos	_____ ayuntamiento	_____ fábricas
_____ biblioteca	_____ hotel	_____ catedral

C. Junto a cado comentario escribe la letra del sitio que corresponde a la descripción.

a. Avenida Central	**d. Monumento Nacional**	**f. Parque Central**
b. Edificio Metálico	**e. Museo de Arte Costarricense**	**g. Teatro Nacional**
c. La Sabana		

_____**1.** Representa los países centroamericanos combatiendo contra William Walker.

_____**2.** Es la obra arquitectónica más importante de San José.

_____**3.** Está en un edificio que antes fue el aeropuerto internacional.

_____**4.** Está cerca del Teatro Popular Melico Salazar y la Catedral Metropolitana.

_____**5.** Es el corazón de San José: donde hay muchas tiendas y oficinas.

_____**6.** Fue diseñado en Bélgica y hoy es una escuela muy vieja.

_____**7.** Es un parque donde mucha gente hace deporte.

D. ¿Has viajado a San José? Si contestaste que sí, escribe un párrafo comparando tus impresiones de San José con las de GeoVisión. Si no has viajado allí, escribe un párrafo que describa lo que pensabas de San José antes de ver GeoVisión y lo que piensas ahora. Escribe tu párrafo en una hoja aparte.

ENFOQUE BÁSICO

5 Vocabulario en acción 1

◆ Arreglarse, darse prisa y acordarse

◆ Otra palabra para **arreglarse** es **alistarse**. Además de **ducharse, cepillarse, afeitarse** y **ponerse crema,** las personas pueden hacer lo siguiente para arreglarse o alistarse.

arreglo general

perfumarse ponerse fragancia
recortarse el flequillo
teñirse el pelo
tomar vitaminas
planchar la ropa

en el rostro

aplicarse faciales
depilarse las cejas
encresparse las pestañas

◆ Para precipitar a alguien a hacer algo, se puede decir **¡date prisa!** o **¡apresúrate!** Cada región también tiene sus expresiones:

¡Córrele! (México)   **¡Soque!** (Costa Rica)

¡Mete caña! (España)   **¡Apúrate!** (Latinoamérica)

◆ ¡OJO!   En el habla popular es común el uso reflexivo con el verbo **recordar.** *¿**Te recordaste** de apagar la luz? Lo oficial es el verbo **acordarse de: ¿Te acordaste** de apagar la luz?

1. Empareja las palabras del cuadro con los dibujos correspondientes. Busca en el diccionario las palabras que no conozcas.

depilarse las cejas	planchar la ropa
encresparse las pestañas	recortarse el flequillo

1. _____   2. _____   3. _____   4. _____

Nombre _____ Fecha _____

2. Completa las oraciones con las opciones más lógicas.

_____ **1.** Si la ropa está arrugada, la…
    a. plancho   **b.** recorto   **c.** tiño

_____ **2.** Mi pelo está muy largo; voy a recortarme…
    a. las uñas   **b.** el flequillo   **c.** las pestañas

_____ **3.** Apago las luces antes de…
    a. acostarme   **b.** ducharme   **c.** depilarme las cejas

_____ **4.** Mi hermano quiere ser rubio, entonces…
    a. toma vitaminas   **b.** se perfuma   **c.** se tiñe el pelo

_____ **5.** Cuando mi amiga quiere que me dé prisa, me dice…
    a. ¡aplícate!   **b.** ¡apúrate!   **c.** ¡depílate!

_____ **6.** Siempre me… de darle de comer al perro.
    a. recuerdo   **b.** acuerdo   **c.** encrespo

3. Di con qué frecuencia haces las siguientes cosas.

MODELO   pintarse las uñas   <u>**Nunca me pinto las uñas./Me pinto las uñas una vez por mes.**</u>

1. lavarse los dientes _____.

2. teñirse el pelo _____.

3. perfumarse _____.

4. afeitarse_____.

5. ducharse _____.

6. aplicarse faciales _____.

7. acordarse de tomar las vitaminas _____

_____.

4. Escribe tres oraciones diciendo cómo te alistas para ir a una fiesta.

_____

_____

_____

_____

_____

_____

5 Gramática en acción 1

◆ El pretérito de poder y traer

◆ **Poder** y **traer** son verbos de irregularidades propias en el pretérito.

yo	**pude**	**traje**
tú	**pudiste**	**trajiste**
usted, él, ella	**pudo**	**trajo**
nosotros(as)	**pudimos**	**trajimos**
vosotros(as)	**pudisteis**	**trajisteis**
ustedes, ellos, ellas	**pudieron**	**trajeron**

◆ ¡OJO! La terminación de la tercera persona plural es **-eron** y no **-ieron**: No **trajeron** paraguas.

◆ El pretérito de **poder** significa lograr o conseguir hacer algo: No **pude** cerrar la puerta con llave.

5. Empareja cada oración con la terminación correcta.

_____ 1. Nosotros no….　　　　　　　　　**a.** pudo pintarse las uñas.

_____ 2. Tú…　　　　　　　　　　　　　　**b.** pudieron.

_____ 3. Mis primos…　　　　　　　　　　**c.** pudimos llegar a tiempo.

_____ 4. Yo no…　　　　　　　　　　　　　**d.** trajisteis tinte para el pelo.

_____ 5. Vosotros…　　　　　　　　　　　**e.** pudiste planchar toda la ropa.

_____ 6. Mi madre no…　　　　　　　　　**f.** trajeron música brasileña.

_____ 7. No vinieron porque no…　　　　　**g.** pude despertarme a las seis.

6. Completa las oraciones con el pretérito de **poder** o **traer**.

1. Anoche, mis amigas _____ cuidar su apariencia en un "spa casero".

2. Y tú, ¿por qué no _____ venir a mi casa?

3. Maruja _____ a su prima que es peluquera.

4. Gracias a ella, nosotras _____ recortarnos el pelo y teñirnos.

5. Francesca no _____ el esmalte entonces yo no

_____ pintarme las uñas.

6. Rebeca y Carlota _____ muchas cremas y

_____ aplicarse faciales.

7. Lástima, nadie _____ una cámara para sacarnos fotos.

Gramática
en acción

◆ Construcciones pronominales reflexivas

◆ Muchos verbos que expresan un estado mental emplean el pronombre reflexivo.

alegrarse	**horrorizarse**
enojarse	**sorprenderse**
emocionarse	

Cuando ganamos el partido **nos alegramos** mucho.

◆ Algunos verbos solamente se usan con pronombres reflexivos

arrepentirse	**quejarse**
atreverse	**resfriarse**

No **se atrevió** a teñirse el pelo.

◆ Los verbos que expresan la idea de consumir se pueden usar con pronombre reflexivo, el cual enfatiza que algo se ha consumido por completo.

Verónica **(se) comió** una pizza entera.   Carlos **(se) tomó** toda la leche.

◆ Algunos verbos cambian de significado cuando se emplea el pronombre reflexivo.

acordar estar conforme	**acordarse** tener algo en memoria
ir moverse hacia un sitio	**irse** marcharse
despedir decirle a alguien que se vaya	**despedirse** decir adiós
llevar transportar	**llevarse** quitar una cosa a alguien

7. Completa las oraciones con las palabras correctas.

1. Juan _____ (puso/se puso) los lentes de contacto.

2. El ingeniero _____ (despidió/se despidió) el carpintero.

3. No _____ (acordé/me acordé) de traer el teléfono celular.

4. Alejandra _____ (arrepintió/se arrepintió) de no estudiar.

5. Llegamos a las ocho y _____ (fuimos/nos fuimos) a las diez.

6 Graciela _____ (le pintó/se pintó) las uñas a Matilde.

7. Roberto se cayó al agua y _____ (resfrió/se resfrió).

8. Escribe cinco oraciones con los siguientes verbos: **arreglarse, enojarse, quejarse, acordarse, despedirse.**

1. _____

2. _____

3. _____

4. _____

5. _____

ENFOQUE BÁSICO

5 Gramática en acción

◆ Los pronombres posesivos

- ◆ Los pronombres posesivos toman el lugar de un sustantivo a la vez que se refieren al dueño del mismo. Tu perro es grande pero **el mío** es pequeño.

- ◆ El pronombre posesivo va precedido por un artículo definido excepto cuando va precedido por **ser.**

  Pedro tiene mis llaves y **las tuyas** también.   Estas llaves son **tuyas,** ¿verdad?

- ◆ Concuerdan en número y género con los sustantivos que reemplazan.

Singular		Plural	
Masculino	Femenino	Masculino	Femenino
(el) mío	**(la) mía**	**(los) míos**	**(las) mías**
(el) tuyo	**(la) tuya**	**(los) tuyos**	**(las) tuyas**
(el) suyo	**(la) suya**	**(los) suyos**	**(las) suyas**
(el) nuestro	**(la) nuestra**	**(los) nuestros**	**(las) nuestras**
(el) vuestro	**(la) vuestra**	**(los) vuestros**	**(las) vuestras**
(el) suyo	**(la) suya**	**(los) suyos**	**(las) suyas**

- ◆ **¡OJO!** En el habla popular se usan los pronombres posesivos cuando lo oficial es usar los pronombres personales.

Popular	Oficial
alrededor **mío**	alrededor de **mí**
detrás **suyo**	detrás de **él, ella, Ud(s)., ellos(as)**
delante **nuestro**	delante de **nosotros**

9. Empareja los pronombres posesivos con los sustantivos a que se refieren.

___ 1. <u>La mía</u> está sobre el escritorio.

___ 2. Compramos <u>los nuestros</u> en Ofismart.

___ 3. No tengo <u>las tuyas</u>.

___ 4. Hazme el favor de prestarme <u>el tuyo</u>.

___ 5. ¿Éstos en el piso? ¿Son <u>tuyos</u>?

___ 6. <u>Las mías</u> están en la cocina.

___ 7. <u>Los suyos</u> son azules.

___ 8. No encuentro <u>las suyas</u>.

___ 9. <u>El nuestro</u> es madrileño.

___10. No sé dónde está <u>el mío</u>.

a. sus lentes de contacto

b. mi teléfono celular

c. nuestros útiles escolares

d. mi mochila

e. nuestro profesor de historia

f. tus compras

g. sus llaves

h. tu diccionario

i. tus zapatos

j. mis amigas

ENFOQUE BÁSICO

10. Di de quién son las cosas usando los pronombres posesivos correctos.

> MODELO   mochila/tú   **La mochila es tuya.**

1. bicicleta/Zulema _____
2. paraguas/yo _____
3. casa/nosotros _____
4. impermeable/tú _____
5. llaves/yo _____
6. perros/Cristian _____
7. camión/bomberos _____

11. Completa las oraciones con el pretérito de **traer** y pronombres posesivos.

> MODELO   Miguel trajo su carro pero nosotros no **trajimos el nuestro.**

1. Tú trajiste tu paraguas pero yo no _____.
2. Trajimos nuestros lentes pero tú no _____.
3. Yo traje mi tarea pero Rosalba no _____.
4. Yo traje mis llaves pero José no _____.
5. Pilar trajo su perro pero tú no _____.
6. Fernanda trajo sus CDs pero nosotros no _____.

12. Escribe de nuevo el siguiente párrafo, cambiando el sujeto de la primera persona singular (yo) a la tercera persona singular (Paco). Haz todos los cambios necesarios.

> Esta mañana no pude correr porque me desperté tarde. Apenas tuve tiempo para arreglarme. No me acordé de ponerme los lentes de contacto. No pude ver la pizarra. Por eso tus apuntes son largos y los míos cortos.

_____
_____
_____
_____
_____
_____

ENFOQUE BÁSICO

5

VideoCultura *Comparaciones*

Antes de ver

A. Contesta **sí** o **no** a las siguientes preguntas.

1. ¿Te das prisa para llegar a tiempo a las fiestas? _____

2. Si recibes una invitación para una fiesta que empieza a las ocho, ¿llegas a las ocho en punto? _____

3. ¿Es normal llegar una hora después de que empieza una fiesta? _____

4. ¿Se debe llegar a la hora indicada a una graduación? _____

Después de ver

B. ¿A quién o a quiénes se refieren los comentarios? Escribe junto a cada uno la letra de la respuesta correcta.

a. Franchesca	**b. Enrique**	**c. todos**	**d. ninguno**

___1. Se da prisa para ir a una fiesta.

___2. No se da prisa para ir a una fiesta.

___3. Si la invitación para una fiesta es a las ocho, llega entre las ocho y las ocho y media.

___4. Si la invitación para una fiesta es a las ocho, llega a las nueve o diez.

___5. Llega una hora después de que empieza una boda.

___6. Piensa que es normal llegar tarde a una fiesta de amigos.

___7. Piensa que se debe llegar a la hora indicada a las ocasiones formales.

C. En grupos pequeños, hablen de sus respuestas a la Actividad A. ¿Cómo se comparan tus respuestas con las del grupo y las de los entrevistados? Escribe dos oraciones que resuman tu punto de vista y el de los entrevistados sobre la puntualidad.

_____

_____

_____

_____

Regionalismos

◆ Los regionalismos son palabras propias de una región. La palabra **chévere** (fantástico) es un regionalismo venezolano que se ha difundido al mundo hispano a través de las telenovelas.

Regionalismos referentes a los intereses y pasatiempos:

Regionalismo	Español oficial	Ejemplo
(Méx.) **aventarse**	ser muy hábil	Laura **se avienta** para pintar.
(Perú) **bacán**	maravilloso	Tu poema es **bacán**.
(Cuba) **caballo**	persona hábil	Eres **un caballo** para coser.
(Chile) **chorreado**	aburrido	Trotar es **chorreado**.
(Guate.) **de a pelos**	muy bueno	El cuento está **de a pelos**.
(P.R.) **fiebrú(a)**	fanático(a)	Es una **fiebrúa** del tenis.
(Col.) **goma**	afición	Tienes **una goma** por trotar.
(Esp.) **guai**	excelente	Esa estampilla es muy **guai**.
(Hon.) **la riata**	poco diestro	Hugo es **la riata** para tejer.
(Arg.) **romperla**	ser fantástico	La mecánica **la rompe**.
(Nic.) **salvaje**	muy bueno	El café Internet está **salvaje**.
(Ven.) **tripa**	excelente	Este álbum está **tripa**.
(C.R.) **tuanis**	estupendo	Grabar CDs es **tuanis**.
(Esp.) **un palo**	un rollo	Hacer crucigramas es **un palo**.
(Arg.) **un tronco**	sin habilidad	Es **un tronco** patinando.

◆ **¡OJO!** Cuando una persona se quiere comunicar en el mundo hispanohablante, se recomienda el uso del español oficial.

13. Empareja cada regionalismo con la palabra correspondiente en español oficial.

_____ **1.** tronco   **a.** estupendo

_____ **2.** aventarse   **b.** fanático

_____ **3.** bacán   **c.** persona hábil

_____ **4.** caballo   **d.** persona sin habilidad

_____ **5.** chorreado   **e.** ser muy hábil

_____ **6.** fiebrú   **f.** aburrido

ENFOQUE BÁSICO

14. Completa la siguiente conversación con los regionalismos del cuadro.

chorreado	fiebrú	goma	guai
la riata	la rompe	me aviento	un caballo

HUGO Félix tiene una (1) _____ por los crucigramas. No para de hacerlos.

FÉLIX Es cierto. Soy un (2) _____ de los crucigramas.

CARLA ¡Ay, qué pesado! Hacer crucigramas es (3) _____.

FÉLIX ¡Qué va! Hacer crucigramas (4) _____.

CARLA Yo soy (5) _____ para hacer crucigramas. Nunca los puedo terminar.

HUGO Félix es (6) _____ para hacerlos. Los termina en menos de media hora.

CARLA Yo (7) _____ para pintar.

HUGO Eso sí. El último cuadro de Carla está (8) _____. Me gusta mucho.

15. Vuelve a completar la conversación de la Actividad 14, esta vez con las palabras en español oficial del cuadro dado.

aburrido	afición	es fantástico	excelente
fanático	poco diestra	soy muy hábil	una persona hábil

1. _____   5 _____

2. _____   6. _____

3. _____   7. _____

4. _____   8. _____

16. Escribe cuatro oraciones expresando tu opinión sobre estas actividades: **coleccionar monedas, jugar naipes, tejer, crear CDs.**

1. _____

2. _____

3. _____

4. _____

Gramática 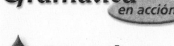 en acción 2

 ## Expresiones negativas; ninguno(a)

◆ Para formar oraciones negativas, se puede poner la palabra negativa delante del verbo. **Nunca** juego naipes.

También se puede poner detrás del verbo y la palabra **no** delante del verbo. **No** juego naipes **nunca.**

◆ En español, solo palabras negativas siguen la expresión **más que** mientras que en inglés, son palabras indefinidas.

Español	Inglés
más que nada	*more than anything*
más que nadie	*more than anybody*
más que nunca	*more than ever*

◆ La palabra negativa **ninguno(a)** puede funcionar como pronombre (**Ninguno** sabe tejer) o como adjetivo (**Ninguna** persona sabe). Cuando precede a un sustantivo masculino, se usa la forma **ningún** (No hay **ningún** CD aquí).

◆ La expresión **ninguno(a) de** siempre va en forma singular aún cuando el sustantivo que le sigue esté en plural: **ninguna** de mis amigas.

◆ Los plurales **ningunos(as)** sólo se utilizan cuando el sustantivo no tiene singular: **ningunas** ganas, **ningunas** tijeras.

17. Completa las oraciones con las expresiones negativas correctas.

1. _____ (Nadie/Ningún) en mi familia sabe de mecánica.

2. _____ (Ninguno/Ningunos) de mis amigos trabaja en mecánica.

3. A nuestro profesor de matemáticas, en cambio, le interesa la mecánica más que

   _____ (algo/nada).

4. No hay _____ (ningún/ninguno) problema de mecánica que él no

   sepa arreglar.

5. No conozco a _____ (ningún/ninguna) otra persona que pase

   más tiempo debajo de un carro.

6. Yo no tengo _____ (ninguna/ningunas) ganas de aprender

   sobre motores, radiadores y distribuidores.

7. Yo no he cambiado _____ (ningún/ninguna) llanta en

   _____ (ningún/ninguno) momento de mi vida.

Nombre _____ Fecha _____

5 Gramática en acción 2

◆ Hace…que, llevar, desde hace…

◆ Para hablar sobre la duración de una acción que continúa en el presente, se usa: **hace** + cantidad de tiempo + **que** + presente.

> **¿Cuánto tiempo hace que** juegas al golf?
> **Hace dos años que** juego al golf.

◆ Para insistir en la idea de la duración de una acción, se usa:
llevar + cantidad de tiempo + gerundio.

> **¿Cuánto tiempo llevas** coleccionando estampillas?
> **Llevo cinco años** coleccionando estampillas.

◆ Para expresar la idea del momento preciso en que comenzó una acción que continúa en el presente, se usa:
presente + **desde hace** + cantidad de tiempo.

> **¿Desde cuándo practicas equitación?**
> **Practico equitación desde hace alrededor de tres meses.**

18. Pon las palabras en orden para formar oraciones lógicas.

1. ¿/hace/tocas/tiempo/la/guitarra/cuánto/que/?

   _____

2. Manuel/diez/lleva/en/viviendo/San José/años

   _____

3. monedas/desde/colecciono/años/muchos/hace

   _____

4. una/que/hace/juegan/hora/naipes

   _____

19. Contesta las siguientes preguntas.

1. ¿Cuánto tiempo hace que tienes la misma dirección?

   _____

2. ¿Desde cuándo hablas español?

   _____

3. ¿Desde cuándo sabes conectarte al Internet?

   _____

4. ¿Cuánto tiempo llevas asistiendo a este colegio?

   _____

Nombre _____ Fecha _____

Gramática en acción 2

◆ Pero y sino

- ◆ La conjunción **pero** expresa una ampliación o una contradicción a la primera idea.
  Es estricto **pero** justo.

    Quiero aprender a esquiar **pero** no me gusta el frío.

- ◆ **Sino** delante de un sustantivo, adjetivo o adverbio expresa una contradicción absoluta a la primera idea que se niega.

    No jugamos naipes **sino** ajedrez.

- ◆ Si lo que se niega es una de varias cosas, se usa la expresión: **no sólo… sino también…**:
  Felipe **no sólo** colecciona CDs **sino también** DVDs.

- ◆ No fue Héctor **sino** Pedro. sustantivo con sustantivo
  No fue divertido **sino** aburrido. adjetivo con adjetivo
  No está afuera **sino** adentro. adverbio con adverbio

- ◆ **Sino que** delante de una cláusula expresa una contradicción absoluta a la primera idea.
    No jugamos al tenis **sino que** trotamos.

20. Completa las oraciones con las palabras correctas.

1. Jugamos no sólo naipes _____ (pero/sino) también ajedrez.

2. La película no me pareció buena _____ (pero/sino) fatal.

3. El poema que escribiste es largo _____ (pero/sino) interesante.

4. Estoy loco por la música clásica _____ (pero/sino que) no me gusta ir a conciertos.

5. Gerardo está haciendo el crucigrama _____ (pero/sino que) no lo puede terminar.

6. No compro revistas cómicas _____ (sino/sino que) las saco de la biblioteca.

7. Leonardo no jugó con Alejo _____ (pero/sino) lo saludó.

8. Carmela no cose vestidos de gala _____ (sino/sino que) teje bufandas de lana.

9. A mí me parece que cuidar a una mascota no es divertido sino _____ (aburrido/me canso).

10. No sé pintar _____ (pero/sino que) tengo una colección grande de cuadros impresionistas.

ENFOQUE BÁSICO

21. Completa las siguientes oraciones.

1. Mi mejor amigo intercambia no sólo CDs sino también _____.

2. No colecciono estampillas pero _____.

3. Mi mascota no es un armadillo sino _____.

4. Me gustaría aprender a _____ pero

   _____.

5. No me parece que trabajar en mecánica sea un rollo sino que _____

   _____.

6. Esta tarde no sólo voy a estudiar sino que también _____

   _____.

7. No practico _____ sino _____.

8. No me llama la atención _____ pero mi amigo(a)

   _____ está loco por hacerlo.

9. No me gusta estudiar _____ sino _____.

10. Me gustaría hablar _____ pero _____

    _____.

22. Escribe un párrafo sobre tu pasatiempo favorito. Usa todas las palabras del cuadro.

estoy loco(a) por	hace… que	pero
sino	ninguno(a)	no sólo…sino también

_____

_____

_____

_____

_____

_____

_____

_____

ENFOQUE BÁSICO

¡Leamos! **Los volcanes en Costa Rica**

¿**P**uedes creer que en Costa Rica hay 112 formaciones volcánicas? Sólo algunas se consideran activas hoy día, pero cada uno de estos volcanes tiene alguna característica única. Por ejemplo, el volcán Barva es el más viejo y se ha considerado inactivo desde 1492. El Poás tiene el segundo cráter más ancho del mundo. Y el Arenal, con sólo 3.000 años de edad, es el más activo.

Otro volcán impresionante es el volcán Irazú, el más alto de Costa Rica, con una altitud de 3.432 metros. El origen del nombre del volcán proviene de un grupo indígena llamado Iztarú, lo cual significaba "cerro del temblor y trueno." A través de los años, el nombre se convirtió a Irazú.

El Parque Nacional Volcán Irazú se encuentra sobre la Cordillera Volcánica Central, 31 km al noreste de Cártago. De los cinco cráteres que tiene, los más importantes son el Cráter

Principal (1050 metros de diámetro y 300 metros de profundidad) y el Cráter Diego de La Haya (600 metros de diámetro y 100 metros de profundidad). Éste tiene un lago de color verde y fue nombrado en honor al conquistador español quien registró la erupción en el siglo XVIII.

La erupción más seria ocurrió el 19 de marzo de 1963, el mismo día que John F. Kennedy visitó Costa Rica.

Comprensión

Según la lectura, indica si las siguientes oraciones son **ciertas** o **falsas**.

_____ 1. Hay 112 volcanes en Costa Rica y todos se consideran activos.

_____ 2. El Volcán Barva es el más joven de todos los volcanes.

_____ 3. El volcán Irazú está cerca de Santiago.

_____ 4. La erupción que causó más daño tomó lugar en 1963.

En tu opinión

1. En marzo de 2001 el Volcán Arenal empezó un ciclo nuevo de actividad y el gobierno prohibió la construcción de casas y sitios turísticos a 5.5 km del volcán. ¿Crees que esto es suficiente para prevenir la destrucción o piensas que el gobierno debería hacer más?

   _____

2. ¿Por qué crees que la gente sigue viviendo en Costa Rica a pesar de que hay muchos volcanes?

   _____

3. ¿Es importante para ti vivir en una ciudad donde es menos posible que ocurra un desastre natural, ya sea un volcán, un huracán o un terremoto, o te da igual?

   _____

ENFOQUE BÁSICO

Nombre _____ Fecha _____

¡*Escribamos!*

Estrategia para escribir Las palabras de enlace unen al diálogo con la narrativa. Úsalas cuando estés escribiendo un diálogo o narrando una serie de eventos, para que tu trabajo no suene como una lista. Para conectar eventos lógicamente, usa **debido a eso, luego, así que, sin embargo, primero, luego, después y al final.** Consulta el cuadro que sigue para más palabras de enlace.

Frases para combinar	
más tarde	por fin
mientras	por último
antes	también
ya	además
finalmente	aunque
cuando	a pesar de
de pronto	no obstante
entonces	pero

Querido diario

Hoy no pudiste salir a ningún lado porque llovió todo el día. ¡Qué pesado! Ya es tarde y debes acostarte, pero antes de hacer eso escribe un párrafo en tu diario describiendo qué es lo que hiciste en casa para no aburrirte. Empieza la entrada contando qué es lo que hiciste para arreglarte. Luego incluye por lo menos cuatro actividades que hiciste durante el día y nárralas en orden cronológico.

1 Antes de escribir

Haz una lista de todas las actividades que hiciste hoy después de levantarte. Incluye lo que hiciste para arreglarte y lo que hiciste para disfrutar del día en casa. Luego piensa en algunas palabras de enlace que puedan conectar los eventos lógicamente.

2 Escribir un borrador

Empieza la entrada con **Querido diario.** Usando tu lista, primero cuenta qué hiciste en la mañana después de levantarte. Explica que llovió todo el día y que no pudiste salir. Di qué hiciste para no aburrirte. Recuerda de narrar las actividades en orden cronológico y de usar las palabras de enlace.

3 Revisar

Lee la entrada de tu diario por lo menos dos veces. Revisa la ortografía y la puntuación. Y también asegúrate que usaste las formas correctas del pretérito, los pronombres reflexivos y las palabras de enlace. Puedes intercambiar tu trabajo con un(a) compañero(a) para revisar lo que hayan escrito.

5 Un paso más

Antes de leer

Estrategia

Comparación y contraste. Al leer un texto, el lector frecuentemente hace comparaciones o contrastes entre sus experiencias y las experiencias de los personajes del cuento. De esta manera, el lector puede entender los motivos del personaje y puede determinar si está de acuerdo con las acciones del personaje o no.

Compara o contrasta. Compara o contrasta las siguientes situaciones con situaciones de tu vida. Después de leer el cuento *Unidad enemiga*, vuelve a tus respuestas y explica si tus experiencias fueron diferentes o similares a las de Diggie.

1. ¿Alguna vez has escuchado algo que no debieras haber escuchado? ¿Alguna vez has recibido alguna información sobre alguien que puedes usar en su contra? ¿Qué hiciste? _____

_____

2. ¿Alguna vez has tratado de ayudar a uno de tus hermanos cuando se meten en lío con tus padres? ¿Qué pasó? ¿Qué hiciste para ayudar a tu hermano o hermana? _____

_____

3. ¿Alguna vez te has encontrado en una situación comprometedora en la cual no quieres contestar las preguntas de la persona que te descubrió? _____

_____

◆ Vocabulario

Trabalenguas. Los **trabalenguas** son frases que son difíciles de pronunciar. «**Trabar**» quiere decir «*enredarse los pies, las piernas*». Al unirse el verbo «*traba*» con la palabra «*lenguas*» el significado se hace claro: «*se le ha trabado o enredado la lengua*». ¿Sabes algunos trabalenguas? Por ejemplo:

> **Tres tristes tigres tragan trigo en tres tristes trastos.**

Busca el trabalenguas que usa Diggie en el cuento *Unidad enemiga* para no contestar las preguntas de su hermana. Escríbelo y trata de pronunciarlo todo en un solo intento.

_____

_____

_____

A. ¿Quién crees que es el narrador del cuento? ¿Por qué crees eso?

_____

_____

_____

_____

_____

B. ¿Dónde está Diggie?

_____

_____

_____

_____

_____

C. ¿Quiénes vienen? ¿Cómo sabe que vienen?

_____

_____

_____

_____

_____

D. ¿Qué oye Diggie que lo hace tomar una decisión? ¿Qué hace?

_____

_____

_____

_____

_____

Unidad enemiga

—Unidad femenina avanzando.

—Favor de avisar punto cardinal.

—Cruzando la calle de norte a sur.

—¿Unidad enemiga?

—Simón, Simón, unidad enemiga.

—¿Cantidad de soldados?

—Tres. Corrección: dos.

—¿Posición actual?

—Invadiendo territorio neutral. Abriendo la puerta. Entrando a la sala. ¡Diggie! ¡Corre! ¡Te van a pescar!

—¡Roger! ¡Corto y fuera!

Con esa despedida, apagué el walkie-talkie y «WAYcoolmente», como comandante en control, avancé hacia la puerta y la abrí un centímetro. Para analizar la situación. Para calcular los riesgos. ¿Quedar dentro del territorio enemigo y buscar sitio seguro? O ¿salir chisqueado[1] a territorio neutral y rezar para no ser descubierto? No había tiempo de consultar con Azerbaiyán, capitán, mi capitán. Había que tomar una decisión.

Estaba a punto de escapar del territorio enemigo cuando oí acercarse el triquitraque[2] de los tacones de Cindy, la mejor amiga de mi hermana. No había opciones. Rendirse no existía en el vocabulario del soldado. La bandera blanca era invento de cobardes. No había más. Tenía que enfrentarme al destino como Hombre. Pelear hasta la Muerte. Me tiré debajo de la cama. Era mi única salvación.

. . . .

1 corriendo rápido, deprisa **2** ruido como de golpes desordenados y repetidos

—¡Tienes que platicarme! ¿Cómo lograste conseguir la cámara?

—Pues…

Noté algo raro en la voz de mi hermana santa al pronunciar esa chiquitita palabra.

—Anda, mujer, soy tu mejor amiga, si no puedes confiar en mí, entonces, ¿en quién?

Traté de no respirar. En ese segundo vi que mi mala fortuna empezaba a derretirse, como una paleta de limón en el verano.

—Dime la verdad. ¿Cómo conseguiste el dinero para comprar la cámara?

—Prométeme que nunca, te repito, nunca, bajo pena de muerte, repetirás lo que te voy a decir.

—De acuerdo, amiga-hermana. Unidas para siempre.

—Vendí el anillo.

Contener mi aullido**[3]** de victoria me fue casi imposible. Pero como el soldado excepcional que soy, me discipliné. Mi vida estaba en peligro. Se requerían medidas fuera de lo ordinario.

—Pero mujer, ¿te has vuelto loca? ¡Tu madre te va a matar! A ver, déjame tocarte la frente, tendrás fiebre, le diremos que en un momento de extrema calentura, cometiste esa locura…

—No, Cindy, no es así. Estoy bien. Mejor que nunca.

—Ay, Dolores. Me vas a causar una úlcera. ¿Cómo pudiste vender esa joya tan linda?

—Me importa más la cámara.

—Sí, sí, ya sé, tú y tus ilusiones cinematográficas.

«Adelante, Zimbabwe, ¿me escuchas? Repito, Zimbabwe, ¿estás bien?»

Allí estuvo el error. Se me había olvidado apagar el walkie-talkie.

Cuando mi hermana subió las enaguas**[4]** del colchón y me vio debajo de la cama, supe de inmediato que iba a tener que utilizar todos mis poderes de soldado.

. . . .

3 chillido   **4** las faldas

Contesta las preguntas de **Comprensión** *en una hoja aparte.*

E. ¿Quiénes entran al cuarto? ¿Saben que está Diggie allí?

_____

_____

_____

F. ¿De qué están hablando las chicas?

_____

_____

_____

_____

_____

G. ¿Cómo consiguió Dolores la cámara?

_____

_____

_____

_____

H. ¿Qué piensa Diggie al oír eso? ¿Qué piensa Cindy?

_____

_____

_____

I. ¿Cómo se dan cuenta las chicas que Diggie está debajo de la cama?

_____

_____

_____

J. ¿Qué hace Dolores cuando encuentra a Diggie debajo de la cama?

_____

_____

_____

_____

_____

K. ¿Cómo responde Diggie a sus preguntas? ¿Qué finge ser?

_____

_____

_____

_____

_____

—Comandante Zimbabwe, número cinco, tres, cuarenta y seis, noventa y ocho, cuatro, cero, dos.

Me pellizcó el brazo y con la fuerza de su ira me sacó de debajo de la cama.

—¿Qué diablos haces aquí?

—Comandante Zimbabwe, número cinco, tres, cuarenta y seis, noventa y ocho, cuatro, cero, dos.

—Diggie. No estoy jugando. ¿Qué haces aquí? ¿Qué oíste?

Los soldados nunca deben admitir nada. Está escrito claramente en el manual: nunca, bajo ninguna circunstancia, incluso la posibilidad de muerte, dar información al enemigo. Recitar poemas, trabalenguas, cifras absurdas. Todo lo necesario para confundir al enemigo. Jamás, de ninguna manera, sin excepción, darse por vencido u ofrecer información que beneficie al enemigo.

—El rey de Parangaricutirimícuaro.

—Diggie.

—Se quiere desenparangaricutirimicuarizar.

—Diggie, no estoy jugando.

—El que lo desenparangaricutirimicuarice.

—¡Diego Montemayor Velasco!

—Gran desenparangaricutirimicuarizador será.

—Diggie, por favor. ¿Qué escuchaste?

—Dos y dos son cuatro. Cuatro y dos son seis. Seis y dos son ocho. Ocho y ocho dieciséis.

—Te lo juro, Diggie. ¡No llegarás a los once años!

—Adelante, Zimbabwe. Unidad Materna acercando. Subiendo las escaleras.

—¡Jugar y Comer! ¡JUGAR Y COMER! ¡Lema de los civilizados!

Cindy, la diplomática que es, interrumpió mis disparates[5] militares.

. . . .

5 cosas absurdas

—Diego Montemayor Velasco. Si le dices a tu mamá que Dolores vendió el anillo, yo misma te voy a descuartizar.

En ese momento se abrió la puerta. Allí en toda su gloria, la Unidad Materna, irradiando amor por todos lados.

—Dieguito, mi vida, ¿cuántas veces te he dicho que no patines en la casa?

La evidencia estaba allí concretamente establecida en mis pies. Los patines. En mis pies. Sin modo de negarlo.

—Ay, mamá —le dije, comprando tiempo. Y en ese segundo vi la caja sobre la cama. La caja que tenía que ser la videocámara digital. A la vez Dolores y Cindy registraron la misma cosa.

—¿Por qué no le preguntas a Dolores de Cabeza?— Sin pensarlo, patiné hacia mi madre y la abracé con ganas, casi tumbándola al piso. En su desequilibrio, no tuvo la oportunidad de ver a Loli mientras escondía la caja debajo de la cama.

—¡Mamá! Tengo hambre. ¿Me haces algo de comer?

—Sí, hijo, claro. Baja conmigo.

Luego volteó a dirigirle la palabra a Loli.

—Dolores. Viene tu madrina a cenar esta noche. Quiero que le enseñes tu anillo.

Saliendo del cuarto, agarrado de la mano de mi madre, volteé a darle una mirada potente a Loli. Una que no se le iba a olvidar. ¡Chantaje![6]

. . . .

[6] delito que consiste en obtener dinero o conseguir favores de una persona con la amenaza de revelaciones escandalosas

Comprensión

Contesta las preguntas de Comprensión en una hoja aparte.

L. ¿Quién llega al cuarto? ¿A quién regaña primero? ¿Por qué cosa?

_____
_____
_____
_____
_____

M. ¿Qué vio Diggie en la cama?

_____
_____
_____
_____

N. ¿Qué hizo Diggie para ayudar a Dolores?

_____
_____
_____
_____

O. En una hoja aparte compara un problema tuyo (real o imaginario) con el problema de Dolores.

_____
_____
_____
_____
_____

¿Qué piensas tú?

1. ¿Estás de acuerdo con Cindy o con Dolores sobre con la venta del anillo para comprar la videocámara? Explica. _____

_____

_____

2. ¿Te sorprendió que Diggie ayudó a Dolores cuando entró su mamá al cuarto? ¿Por qué sí o por qué no? _____

_____

_____

3. ¿Qué crees que va a hacer Dolores cuando llegue su madrina para ver el anillo? ¿Qué harías tú en su lugar? _____

_____

_____

Ortografía

Las palabras llanas

◆ En el Capítulo 5, aprendiste que en las palabras de más de una sílaba siempre hay una sílaba tónica, que se pronuncia con más énfasis o intensidad que las otras. Las **palabras llanas** son las que llevan el acento tónico en la penúltima sílaba: *ban-co, ár-bol, pre-gun-ta, cua-der-no.*

La mayoría de las palabras en español son llanas. Ahora aprenderás sobre las palabras llanas y las reglas para acentuación escrita de estas palabras.

1. Las palabras llanas que terminan en una vocal, **-n** o **-s** no llevan acento escrito:
   pin-ta-ba, re-cor-te, par-que, va-len-cia-no, or-den, pa-re-des.

2. Algunas palabras llanas que terminan en vocal llevan acento diacrítico para distinguirlas de otras palabras que se escriben igual:
   *Estaba **solo** en el parque.   **Sólo** vinieron dos personas.*
   *Habla **como** un loro.   ¡**Cómo** ha cambiado la ciudad!*

3. Las palabras llanas terminadas en **-ía** o **-ío** llevan un acento escrito sobre la í:
   es-cri-bí-a, te-ní-a, des-va-rí-o, tí-o.

4. Las palabras llanas que no terminan en vocal, **-n** o **-s** llevan acento escrito:
   ál-bum, al-cá-zar, a-zú-car, cés-ped, es-té-ril, fá-cil, lá-piz.

A. Todas las palabras siguientes son llanas. Escríbelas, dividiéndolas en sílabas y poniéndoles los acentos escritos necesarios. Después, explica por qué las palabras llevan o no llevan acento escrito.

1. caracter _____

2. tonteria _____

3. sonriente _____

4. mujeres _____

5. telescopio _____

6. angel _____

7. decia _____

8. util _____

9. fragil _____

10. ilusiones _____

◆ Gramática: El futuro

El tiempo futuro se usa...

1. Al hablar de acciones futuras. En muchos casos, además del futuro, se puede usar el presente o la secuencia **ir a** + *infinitivo*:

   Mañana **traigo** *el dinero.*   *Mañana* **traeré** *el dinero.*

   Paso *por ti a las dos.*   **Pasaré** *por ti a las dos.*

   El doctor la **va a atender** *en un momento.*   *El doctor la* **atenderá** *en un momento.*

2. Para expresar el sentido de orden o mandato:

   No le **dirás** *nada a nadie.*   *Las tiendas* **estarán** *cerradas el día de las elecciones.*

3. Para expresar probabilidad o conjetura en el presente:

   *Alguien toca la puerta. ¿***Será** *el cartero?*   *¿Dónde* **estará** *Juanito?*

A. Olivia habla de su quinceañera que se celebrará este fin de semana. Escribe la primera serie de oraciones de nuevo, sustituyendo los verbos subrayados por verbos en el tiempo futuro.

MODELO   Mañana <u>tenemos</u> que llamar al fotógrafo.

Escribes: *Mañana tendremos que llamar al fotógrafo.*

1. El jueves mis amigas y yo <u>vamos</u> a las tiendas a escoger zapatos.

   _____

2. El viernes por la tarde me <u>pruebo</u> el vestido por última vez.

   _____

3. El sábado por la mañana me <u>hace</u> el peinado Yolanda, la peluquera de mamá.

_____

4. Mi hermano Pablo dice que algunos de sus amigos de la universidad <u>vienen</u> a la fiesta.

_____

Ahora imagina que Olivia está en su fiesta. Escribe las siguientes oraciones de nuevo, usando el tiempo futuro para expresar probabilidad.

5. Debe haber más de cien personas en la casa. No se puede ni caminar.

_____

6. Es posible que todos mis amigos ya estén aquí.

_____

7. Esos chicos allí deben ser los amigos de Pablo.

_____

8. Es probable que quiera presentármelos.

_____

B. Quedaste en hacer algo con unos amigos, pero ellos no aparecen en el lugar de reunión. Escribe dos párrafos breves acerca de la situación. En el primero, especula acerca de las razones por las cuales tus amigos no han llegado. En el segundo, expresa lo que harás tú solo(a) si no llegan, o lo que harán juntos si por fin llegan. Usa diez verbos en el tiempo futuro.

MODELO   *Carolina tendrá mucho trabajo en casa.*

_____

_____

_____

_____

_____

_____

_____

_____

_____

_____

_____

_____

_____

UN PASO MÁS

La vida profesional

Los medios de comunicación

¿Cómo obtienen las noticias los hispanohablantes en tu ciudad? Hoy día, hay muchos medios de comunicación en los Estados Unidos para los hispanohablantes: programación en español en los canales de televisión y radio; periódicos, revistas y otras publicaciones en español; y proveedores de acceso a Internet que se especializan en las noticias de Latinoamérica y España. Escribe el nombre de dos canales, estaciones de radio, publicaciones y proveedores de acceso en tu comunidad en el cuadro de abajo.

Canales de televisión

_____

Estaciones de radio

_____

_____

Publicaciones

_____

_____

Proveedores de acceso de Internet

_____

_____

Locutor en un programa de radio

UN PASO MÁS

La vida profesional

◆ Vamos a escribir

Escoge uno de los medios de comunicación que apuntaste en el cuadro de la página 129. Luego, ve, escucha, lee, o conéctate al medio que escogiste. Escribe un párrafo breve que describa lo que escuchaste, leíste, o aprendiste del medio que no sabías antes. Si quieres, puedes escribir un cuestionario antes de participar en la actividad para estar mejor preparado(a) para la experiencia. Por ejemplo, si escogiste un periódico, puedes preguntarte: *¿Contiene este periódico noticias internacionales o sólo noticias locales?*

Cuestionario

_____

_____

_____

_____

_____

Párrafo

_____

_____

_____

_____

_____

_____

_____

_____

_____

_____

UN PASO MÁS

Enfoque básico

 GeoVisión *Segovia*

Antes de ver

A. Mira los edificios en las fotos de Segovia. ¿Qué crees que son? Escribe una oración que describa cada edificio y su función.

1.

2.

3.

1. _____

2. _____

3. _____

Después de ver

B. Identifica cada foto en la Actividad A. Escribe el nombre del edificio en los espacios en blanco a continuación. Luego, pon un ✓ junto al edificio que actualmente funciona como museo.

| el Alcázar   la Casa de la Moneda   la Catedral |
| la Iglesia de Veracruz   el Real Sitio de la Granja |

1. _____

2. _____

3. _____

C. Di si los siguientes comentarios son **a) ciertos** o **b) falsos**.

_____1. Segovia es una ciudad grande.

_____2. Los romanos construyeron el acueducto de Segovia.

_____3. Hay muchas iglesias románicas en Segovia.

_____4. La Casa de la Moneda es un edificio industrial muy viejo.

_____5. El Real Sitio de la Granja fue construido por un poeta.

ENFOQUE BÁSICO

6

Nombre _____   Fecha _____

Vocabulario
en acción

◆ Juegos y juguetes tradicionales

- **El balero** consiste en una bola de madera con un orificio atada a un palo por un cordón. Se lanza la bola al aire, procurando que el orificio encaje en el palo al caer la bola.

- **El trompo** es un juguete de forma cónica con punta metálica. Se enrolla un cordel en la parte superior y lanzándolo al suelo, se hace girar.

- **Las canicas** son bolitas que se colocan dentro de un círculo dibujado en el suelo y se hacen rodar para chocarlas unas con otras.

- **El tejo** se juega sobre un diagrama trazado en el suelo que consiste de compartimientos enumerados. Se lanza el tejo, y saltando en un pie, se brinca de un compartimiento a otro.

- **La gallina ciega** es un juego en el cual se tapan los ojos de un jugador, el cual intenta tocar a alguno de los otros jugadores.

- **Las rondas** consisten en la formación de un círculo en el que las niñas, tomadas de la mano, cantan y gritan rítmicamente.

- **La cometa** es una estructura liviana amarrada a un cordel que la ayuda a volar con la fuerza del viento. Se le conoce como **papalote** en México, **volantín** en Chile, **papagayo** en Venezuela y **chiringa** en Puerto Rico.

---

1. Identifica cada juguete o juego.

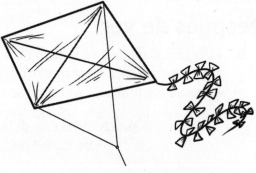

1. _____

2. _____

3. _____

4. _____

ENFOQUE BÁSICO

2. Completa las oraciones con las palabras del cuadro.

balero	canicas	cometa	gallina ciega
rondas	tejo	trompo	

1. De niños, solíamos jugar a la _____. A mí me encantaba tener los ojos tapados y tratar de alcanzar a los demás.

2. Mi padre todavía tiene su colección de _____ de cuando era niño. Tiene más de ochenta, todas hechas de vidrio de distintos colores.

3. Mis primas y yo jugábamos mucho a las _____. Mis favoritas eran arroz con leche, la señorita y la víbora de la mar.

4. Mi papalote, o _____, era de papel y tenía la forma de un dragón chino.

5. El _____ no me llamaba la atención porque yo nunca lograba encajar la bola en el palo.

6. Mi juego favorito de niña era el _____. Usábamos una tiza para dibujar el diagrama sobre la acera.

7. Mi tío era un campeón del _____. Lo podía hacer bailar sobre su mano.

3. Contesta las preguntas sobre lo que te gustaba de niño(a).

1. De pequeño(a), ¿cuál era tu juguete favorito?

_____

2. ¿Qué jugaban durante el recreo?

_____

3. ¿Te gustaba más jugar al escondite o a la gallina ciega?

_____

4. ¿Coleccionabas algo? ¿Qué?

_____

5. ¿Alguna vez te regalaron canicas? ¿Cuántas?

_____

6. ¿Dónde volabas cometas?

_____

7. ¿Cuál era tu programa favorito de dibujos animados?

_____

ENFOQUE BÁSICO

6 Gramática en acción 1

◆ El imperfecto de los verbos regulares

- ◆ El tiempo **imperfecto** se refiere a una acción en progreso, no concluida o habitual, del pasado.

    Solíamos jugar al escondite.

- ◆ El tiempo imperfecto de los verbos regulares se forma añadiendo las siguientes terminaciones.

	Infinitivo en **-ar** jugar	Infinitivo en **-er** comer	Infinitivo en **-ir** vivir
yo	jug**aba**	com**ía**	viv**ía**
tú	jug**abas**	com**ías**	viv**ías**
usted, él, ella	jug**aba**	com**ía**	viv**ía**
nosotros(as)	jug**ábamos**	com**íamos**	viv**íamos**
vosotros(as)	jug**abais**	com**íais**	viv**íais**
ustedes, ellos, ellas	jug**aban**	com**ían**	viv**ían**

- ◆ El verbo **soler** es un verbo defectivo porque posee una conjugación incompleta. Sólo se conjuga en el presente y el imperfecto.

    Presente: **suelo, sueles, suele, solemos, soléis, suelen**

    Imperfecto: **solía, solías, solía, solíamos, solíais, solían**

4. Marca con una X las oraciones que contengan un verbo en el imperfecto.

____ **1.** Mis abuelos vivían en el norte de España.

____ **2.** Todos los años, viajamos a la costa del mar Cantábrico.

____ **3.** Me gustaría conocer el Alcázar de Segovia.

____ **4.** Siempre soñaba con ser un explorador famoso.

____ **5.** Muchas veces solíamos esconder tesoros en la arena.

5. Combina palabras de cada cuadro para escribir cuatro oraciones en el imperfecto.

yo	soler	a los árboles
tú	jugar	al pilla-pilla
mis primos	columpiarse	travesuras
mi abuelo	trepar	en el parque
mi mejor amigo y yo	hacer	ver dibujos animados

1. _____

2. _____

3. _____

4. _____

Gramática *en acción* 1

◆ El imperfecto de ir y ver

◆ Dos verbos con formas irregulares en el imperfecto son **ir** y **ver**.

	ir	ver
yo	iba	veía
tú	ibas	veías
usted, él, ella	iba	veía
nosotros(as)	íbamos	veíamos
vosotros(as)	ibais	veíais
ustedes, ellos, ellas	iban	veían

◆ **¡OJO!** En el habla popular, se usa **-nos** en vez de **-mos** para la primera persona plural del imperfecto.

*Íbanos al mercado y comprábanos mangos. Lo oficial es: **Íbamos** al mercado y **comprábamos** mangos.

6. Completa las oraciones con las palabras correctas.

1. Nosotros _____ (íbanos/íbamos) a la playa con frecuencia.

2. Allí, yo _____, (veía/veías) muchos botes de pesca.

3. Mi padre _____ (iba/fue) de pesca una sola vez.

4. Todos los años, mis hermanos _____ (iba/iban) de excursión.

5. Nosotros _____ (veíanos/veíamos) muchos animales.

6. Mi tía siempre _____ (ibas/iba) al mercado local para comprar comida.

7. Y tú, ¿adónde _____ (ibas/ibais) de vacaciones?

7. Usa las palabras y frases siguientes para formar oraciones en el imperfecto que digan adónde iban y qué veían estas personas.

1. Fabiola/zoológico/muchos animales

   _____

2. Yo/parque/mis amigos

   _____

3. Luis y David/cine/películas cómicas

   _____

4. Mi abuelo y yo/estación/los trenes

   _____

5. Tú/plaza/la fuente

   _____

ENFOQUE BÁSICO

6 Gramática en acción 1

◆ Verbos con sentido recíproco

◆ Los verbos con sentido recíproco implican sujetos en plural que realizan la misma acción y la reciben mutuamente. Sólo se presentan en plural.

Nos ayudamos mutuamente.

Os contáis cuentos.

Se quieren mucho.

◆ Los verbos recíprocos coinciden en forma con los reflexivos pero se distinguen por su significado. Muchas veces, para reforzar el sentido recíproco y evitar la ambigüedad con el reflexivo, se añaden expresiones como **mutuamente, el uno al otro, unas a otras, entre sí, recíprocamente:** Se animan **el uno al otro.**

◆ Existen muchos verbos que pueden tener sentido recíproco: **abrazar, amar, ayudar, besar, casar, divorciar, entender, escribir, hablar, odiar, querer, pegar, respetar, saludar.**

Se hablan todos los días.

Tanya y yo **nos queremos** y **nos respetamos.**

---

8. Marca con una X las oraciones con sentido recíproco.

_____ **1.** Es importante que te respetes.

_____ **2.** Nos saludamos pero nunca entablamos conversación.

_____ **3.** Tienen muchos talentos y se admiran el uno al otro.

_____ **4.** De bebé, solía mirarse en el espejo y reírse.

_____ **5.** Cuando se volvieron a ver, se abrazaron largamente.

_____ **6.** El caballero nos besó la mano.

_____ **7.** Los amigos se ayudan entre sí.

_____ **8.** Me cuentan que Jaime se peleó con Victoria.

_____ **9.** Hace dos años que se escriben cartas de amor.

_____**10.** Es verdad que os peleáis mucho pero también os queréis.

_____**11.** Se dicen mentiras los unos a los otros.

_____**12.** Beatriz y Mario siempre se quejaban a la hora de hacer la tarea.

Nombre _____ Fecha _____

9. Completa las oraciones con el presente de los verbos entre paréntesis.

1. Mis primas _____ (parecerse) mucho la una a la otra.

2. Mi hermano mayor y yo _____ (respetarse).

3. ¿Cuánto tiempo hace que _____ (conocerse) tú y yo?

4. Mis dos perros _____ (pelearse) todo el día.

5. El problema es que ustedes no _____ (ayudarse) los unos a los otros.

6. Es obvio que vosotros _____ (odiar).

7. Mis compañeros y yo _____ (contarse) chistes en el autobús.

8. ¿Cuánto tiempo hace que vosotros _____ (intercambiarse) revistas?

10. Combina elementos de cada cuadro para escribir cinco oraciones en el imperfecto. Añade expresiones para expresar el sentido recíproco de los verbos.

los estudiantes	ayudarse
mis amigos	hacerse bromas
mi hermano(a) y yo	quererse
mi madre y yo	contarse secretos
mis vecinos	saludarse

1. _____

2. _____

3. _____

4. _____

5. _____

11. Escribe un párrafo corto sobre un(a) amigo(a) de tu niñez. Di qué solían hacer, cómo se llevaban y con qué frecuencia se veían.

_____

_____

_____

_____

_____

Nombre _____ Fecha _____

Antes de ver

A. ¿Cómo eras cuando tenías diez años? ¿Qué hacías para divertirte?

_____

_____

_____

_____

Después de ver

B. En la siguiente lista, pon un ✓ junto a las actividades que Mercedes, Pablo y Jeremy hacían para divertirse cuando eran niños.

_____ saltar a la comba	_____ jugar fútbol
_____ jugar con muñecas	_____ hacer travesuras
_____ montar en bicicleta	_____ salir al cine
_____ echar carreras	_____ dormir en casa de familiares

C. Escribe la letra de la persona junto al comentario al que se refiere.

a. Mercedes   b. Pablo   c. Jeremy   d. Mercedes y Pablo

____1. Era tímido en la escuela.

____2. Era una persona alegre y extrovertida.

____3. Le gustaba mucho montar en bicicleta.

____4. Se llevaba bien con todos los chicos del barrio.

____5. Algunos niños le caían peor que otros.

____6. Le encantaba cantar en la ducha.

____7. Le fastidiaba cuando no le dejaban salir a jugar.

D. De las personas entrevistadas, ¿a quién te pareces más? Explica tu respuesta. Usa una hoja de papel si es necesario.

_____

_____

ENFOQUE BÁSICO

Vocabulario *en acción* **2**

◆ Sufijos en la formación de adjetivos

- ◆ Los sufijos principales para la formación de los adjetivos calificativos son.

Sufijo	Significado	Ejemplo
-ble	capaz de	**amable**
-oso, -osa	abundancia de	**furioso**
-nte	que hace la acción	**obediente**
-dor, -dora	que hace la acción	**conversadora**
-ón, -ona	que hace la acción	**juguetón**
-izo, -iza	tendencia o semejanza	**enfermizo**
-do, -da	tendencia a ello	**callada**
-udo, -uda	con cualidad exagerada	**bigotudo**
-ero, -era	relacionado con	**aventurera**

- ◆ Los adjetivos formados con sufijos son derivados de verbos (consentir ⟶ **consentida**) y de sustantivos (chisme ⟶ **chismoso**).

12. Subraya los 13 adjetivos calificativos en este párrafo. Luego encierra en un círculo el sufijo en cada adjetivo.

Mi familia es bastante unida. Mis abuelos son muy cariñosos y pacientes

con nosotros. Mi tío Mario es muy chistoso. Su hijo Mateo es juguetón y

muy travieso. Mamá es conversadora y se la pasa hablando con mi tía

quien es chismosa. Mi prima Raquel es callada y un poco enfermiza. ¿Y

yo? Yo soy aventurero, curioso y extrovertido.

13. Empareja cada adjetivo con su significado.

_____ **1.** narigudo		**a.** lleno de odio
_____ **2.** distraída		**b.** que obedece
_____ **3.** odioso		**c.** capaz de percibir sensaciones
_____ **4.** obediente		**d.** que madruga
_____ **5.** madrugadora		**e.** que tiene una nariz grande
_____ **6.** sensible		**f.** con tendencia a distraerse

ENFOQUE BÁSICO

Nombre _____ Fecha _____

14. Completa los cuadros con los sustantivos, sufijos y adjetivos correctos.

1.	cariño	+		=	cariñosa
2.	irritar	+	able	=	
3.	trabajar	+		=	trabajador
4.		+	osa	=	bondadosa
5.	bigote	+	udo	=	

15. Deriva seis adjetivos de los siguientes sustantivos y verbos, añadiendo los sufijos adecuados.

1. callar: _____

2. consentir: _____

3. amigo: _____

4. mentir: _____

5. chiste: _____

6. maravilla: _____

16. Escribe cuatro oraciones describiendo a tu mejor amigo(a) cuando tenías diez años. Usa el tiempo imperfecto y por lo menos seis adjetivos formados con sufijos.

_____

_____

_____

_____

_____

_____

_____

_____

Gramática en acción 2

◆ El imperfecto de ser y haber

◆ El imperfecto del verbo **ser** tiene formas irregulares: **era, eras, era, éramos, erais, eran.**

Mis hermanos eran traviesos, pero yo era obediente.

◆ El verbo **haber** tiene dos funciones. Puede funcionar como auxiliar de otro verbo, indicando una acción.

Habían pintado la casa de verde.
¿Cuándo me **habías** llamado?

◆ El verbo **haber** también tiene una forma impersonal, es decir, sin sujeto. En este caso sólo indica existencia, no una acción, y se usa únicamente en la tercera persona singular.

Había muchos árboles y flores.
No **había** más de cincueta invitados.

◆ ¡OJO! En el habla popular se usa **el** verbo impersonal **haber** en plural, haciéndolo concordar con el complemento directo. ***Habían** muchos espectadores.

Lo oficial es **Había** muchos espectadores.

17. Lee cada par de oraciones y escoge la oficial.

_____ **1. a.** Uds. no había nacido aún.   **b.** Uds. no habían nacido aún.

_____ **2. a.** No había teléfonos celulares.   **b.** No habían teléfonos celulares.

_____ **3. a.** Tampoco había videojuegos.   **b.** Tampoco habían videojuegos.

_____ **4. a.** ¿Qué juguetes había entonces?   **b.** ¿Qué juguetes habían entonces?

_____ **5. a.** Ellos había jugado a las damas.   **b.** Ellos habían jugado a las damas.

_____ **6. a.** Había muchos aventureros.   **b.** Habíamos muchos aventureros.

18. Completa las oraciones con el imperfecto de **ser.**

1. El juguete favorito de mi abuelo _____ el trompo.

2. Los trompos _____ elaborados artesanalmente en madera.

3. Según cuentan, mi abuelo y mi tío abuelo _____ muy buenos con el trompo.

4. Mi padre nunca aprendió a bailar el trompo porque _____ muy impaciente.

5. De niño, yo también _____ impaciente y activo.

6. Tú, en cambio, _____ callado, paciente y serio.

7. Nosotros _____ muy diferentes pero nos llevábamos bien, ¿verdad?

ENFOQUE BÁSICO

Nombre _____ Fecha _____

Gramática en acción 2

◆ El pretérito para expresar estados emocionales

◆ Los verbos que expresan ciertas reacciones o estados emocionales que ocurrieron en un momento particular o durante un período definido en el pasado suelen utilizarse en pretérito.

Me **sentí** nerviosa cuando entré al salón de clases.
Se **pusieron** contentos cuando ganaron.
Estuviste enferma durante todo el viaje.

◆ Algunos verbos presentan sentidos distintos dependiendo de si están en pretérito o en imperfecto.

Pretérito	Imperfecto
Quiso ir tenía la intención	**Quería** ir tenía deseos
No quiso ir rehusó	**No quería** ir no tenía deseos
Supo la verdad se enteró	**Sabía** la verdad tenía conocimiento
Pudo llegar a pie logró hacerlo	**Podía** llegar a pie tenía la facilidad
Conoció a Tobías se presentaron	**Conocía** a Tobías tenía trato con él
Esperó entrar aguardó	**Esperaba** entrar tenía esperanzas

19. Completa las oraciones con las palabras correctas.

1. Cuando me enteré de la muerte de Don Teófilo no lo _____ (quise/ quería) creer.

2. Nosotros _____ (conocimos/conocíamos) muy bien a Don Teófilo.

3. Carolina nunca _____ (supo/sabía) la noticia porque estaba en Francia.

4. Sonia _____ (se sintió/te sentiste) muy triste durante un mes.

5. Yo _____ (me puse/me ponía) a llorar durante el funeral.

6. Manuel y Laura no asistieron porque no _____ (quisieron/querían) ir.

7. Nosotros te _____ (esperamos/esperábamos) por media hora.

20. Completa las oraciones con el pretérito de **querer** o **saber.**

1. ¿Cómo te sentiste cuando _____ lo de tu abuelo?

2. Él no _____ ir al hospital por nada del mundo.

3. Cuando nosotros _____ la noticia, no lo pudimos creer.

4. Yo _____ visitarlo inmediatamente.

5. ¿Por qué tú no _____ viajar por autobús?

6. Fernando y Patricia no _____ que nos fuimos de viaje.

Nombre _____ Fecha _____

Gramática en acción 2

◆ El pretérito de creer, leer, construir, oír; caerle a uno

◆ Los verbos terminados en **-aer, -eer, -oir, -uir,** tienen las terminaciones **-yó** y **-yeron** en la tercera persona singular y plural del pretérito.

	creer	**oír**	**caer**
yo	**creo**	**oí**	**caí**
tú	**creíste**	**oíste**	**caíste**
usted, él, ella	**cre<u>yó</u>**	**o<u>yó</u>**	**ca<u>yó</u>**
nosotros(as)	**creímos**	**oímos**	**caímos**
vosotros(as)	**creísteis**	**oísteis**	**caísteis**
ustedes, ellos, ellas	**cre<u>yeron</u>**	**o<u>yeron</u>**	**ca<u>yeron</u>**

◆ El verbo **caerle a uno** funciona, lleva un pronombre de complemento indirecto. **Me cayó** bien tu hermano.

◆ Varios verbos que expresan reacciones emocionales funcionan como **caerle: aburrirle, disgustarle, encantarle, irritarle, sorprenderle.**

A Gloria **le aburren** sus primos.
¿**Te irritaron** mis hermanitos?

21. Completa las oraciones con la forma correcta.

_____ 1. El año pasado se _____ un gran centro comercial.
    a. construye   **b.** construyó   **c.** construyeron

_____ 2. A Hugo _____ mal los jugadores del equipo Bataco.
    a. se cayó   **b.** le cayó   **c.** le cayeron

_____ 3. Ustedes _____ que la noticia era falsa.
    a. creyeron   **b.** creyieron   **c.** creieron

_____ 4. A mi madre _____ tu tía abuela Eulalia.
    a. se irritó   **b.** me irritó   **c.** le irritó

_____ 5. Un avión japonés _____ al mar ayer.
    a. le cayó   **b.** se cayó   **c.** nos cayeron

_____ 6. A mis profesores _____ bien el nuevo director del colegio.
    a. le cayó   **b.** le cayeron   **c.** les cayó

_____ 7. _____ una casa de campo cerca de Oviedo.
    a. Construimos   **b.** Construímos   **c.** Construyimos

ENFOQUE BÁSICO

22. Completa el párrafo con el pretérito de los verbos del cuadro.

caer	creer	construir	disgustarle	leer	oír

Mi amigo (1) _____ en el periódico que la ciudad

(2) _____ un nuevo centro recreativo cerca del colegio.

También (3) _____ por la radio muchos anuncios sobre la gran

apertura. Él pensó ir pero (4) _____ un aguacero y sus padres

(5) _____ que la piscina no iba a estar abierta. A mi amigo

(6) _____ la idea de quedarse en casa.

23. Combina elementos de cada cuadro para escribir cinco oraciones en el pretérito.

yo tú mi abuelo mis amigos nosotros	caerse creer construir leer oír	un cuento fantástico seis puentes el chisme tuyo del techo la buena noticia

1. _____

2. _____

3. _____

4. _____

5. _____

24. Completa las oraciones y di cómo reaccionaste en cada situación. Usa los verbos del cuadro en el tiempo pretérito.

caerle	sentirse	ponerse	querer	estar

1. Cuando conocí a mi mejor amigo, _____.

2. El primer día de clases, _____.

3. Cuando mi amigo me dijo una mentira, _____.

4. Cuando mi perro o gato murió, _____.

5. Cuando saqué una buena nota, _____.

ENFOQUE BÁSICO

¡Leamos!

El Alcázar de Segovia

Segovia, provincia de Castilla y León, se encuentra a 12 km de la Sierra de Guadarrama y a 90 km de Madrid. Segovia se distingue por sus edificios históricos y el famoso acueducto romano. Entre los edificios, un lugar que no se puede dejar de visitar es el Alcázar de Segovia.

La palabra "alcázar" significa "castillo" en árabe y refleja la época en que el país estaba bajo el control de los árabes. El Alcázar fue construido en el siglo XI por el Rey Alfonso VI de Castilla (1072–1109) y reconstruido en el siglo XV. Desafortunadamente, casi todo el castillo fue destruido en un gran incendio en 1862, pero fue restaurado después en un estilo más romántico que el original.

El alcázar tiene muchos sótanos y pasadizos secretos que llevan al río o a otros palacios de la ciudad. Hoy día, también hay en él un museo de armamentos donde puedes ver armaduras, espadas, lanzas, escudos, hachas y otros objetos medievales.

Situado en la confluencia de los ríos Eresma y Clamores sobre una elevación rocosa, con una altitud de 262 pies, este castillo ha sido com-

parado con un barco enorme. Pero más que nada, se dice que parece haber salido de un cuento de hadas. Por eso no es sorprendente enterarnos que éste es el castillo que inspiró a Walt Disney a crear el castillo de Disneylandia.

Comprensión

Según la lectura, indica si las siguientes oraciones son **ciertas** o **falsas**.

_____ **1.** Segovia es la capital de Castilla y León.

_____ **2.** "Alcázar" significa "castillo" en árabe.

_____ **3.** El castillo tiene muchos sótanos y pasadizos secretos.

_____ **4.** El Alcázar de Segovia se encuentra a 262 pies de distancia de los ríos Eresma y Clamores.

En tu opinión

1. ¿Por qué crees que el Rey Alfonso VI de Castilla escogió ese sitio para construir su alcázar?

_____

2. ¿Cuál es el propósito de tener numerosos sótanos y pasadizos secretos en un castillo?

_____

3. ¿Qué significa el tener un castillo de tamaño grande versus un castillo de tamaño chico?

_____

ENFOQUE BÁSICO

¡Escribamos!

Estrategia para escribir Evita usar palabras repetidas veces cuando escribes. La variedad hace que los lectores sigan interesados en lo que tienes que decir. Piensa en cómo puedes expresar las mismas ideas en maneras más interesantes o dinámicas.

De pequeño(a), mi mejor amigo(a) era. . .

Escribe un párrafo sobre tu mejor amigo(a) y describe cómo era de pequeño. ¿Qué (no) le gustaba hacer? ¿Qué hacía de niño(a)? ¿Qué quería ser? Si no sabes la respuesta a cualquiera de estas preguntas, ¡adivina!

Mi mejor amigo(a)			
¿Cómo era?	¿Qué (no) le gustaba hacer?	¿Qué hacía de niño(a)?	¿Qué quería ser? ¿Por qué?
• aventurera • conversadora	• columpiarse	• hacer travesuras	• bailarina

1 Antes de escribir

En un cuadro, escribe por lo menos tres palabras que describan cómo era tu mejor amigo(a) en aquel entonces. Luego escribe por lo menos tres actividades que le gustaba hacer y una actividad que no le gustaba hacer. Ahora escribe por lo menos tres cosas que hacía de niño(a). Finalmente, cuenta qué es lo que quería ser y por qué.

2 Escribir un borrador

Empieza tu párrafo con la siguiente frase: **De pequeño(a), mi mejor amigo(a) era. . .** Usando el cuadro, describe cómo era. Luego cuenta qué le gustaba hacer y no le gustaba hacer. ¿Qué cosas hacía de niño(a)? Por último, explica qué quería ser. ¿Con qué soñaba? Recuerda que tienes que escribir el párrafo en el pasado, usando el imperfecto. Y trata de evitar la repetición.

3 Revisar

Lee tu borrador por lo menos dos veces. Revisa la ortografía, la puntuación y la gramática. ¿Crees que el lector estará interesado en lo que tienes que decir desde el principio del párrafo hasta el final? Puedes pedirle a tu mejor amigo(a) que lo lea para ver si él o ella está de acuerdo con tu descripción.

6 Un paso más

Antes de leer

Estrategia

Las deducciones El buen lector **hace deducciones** mientras lee. El autor no siempre revela su mensaje de una manera directa, por eso es muy importante que el lector evalúe los detalles de un texto, conecte la información del mismo con lo que ya sabe, y luego saque conclusiones basándose en sus conocimientos previos y la información que le ha proporcionado el autor.

¿Qué deduces? Lee las siguientes oraciones del capítulo *¡Fuera!* y escoge la conclusión más lógica para cada una.

1. —Pero, madrina, es que mamá no me entiende.
   a. La narradora y su mamá siempre están de acuerdo.
   b. La narradora cree que su mamá no conoce los verdaderos deseos de su hija.

2. —No he hecho nada malo.
   a. La narradora sí ha hecho algo malo y se está defendiendo.
   b. La narradora cree que todas sus acciones han sido honorables.

3. —Hija, comprende algo: ocultar la verdad es igual que mentir. Y las mentiras hacen daño.
   a. La madrina cree que su ahijada ha mentido.
   b. La madrina cree que su ahijada ha dañado a alguien.

◆ Vocabulario

El vocabulario especializado. El mundo de los deportes, y cada deporte en él, tiene un vocabulario especializado. ¿Juegas al tenis? ¿Puedes emparejar la palabra deportiva con su equivalente en inglés?

1. punto de partido   **a.** double fault
2. el saque   **b.** set point
3. línea de fondo   **c.** serve
4. desempate   **d.** match point
5. doble falta   **e.** tiebreaker
6. punto de set   **f.** baseline

UN PASO MÁS

A. ¿Quién es la narradora del cuento?

_____

_____

_____

_____

B. ¿De qué hablan Dolores y su madrina? ¿Están de acuerdo?

_____

_____

_____

_____

C. ¿Qué piensa Dolores de su madrina?

_____

_____

_____

_____

D. ¿Qué le sugiere su madrina a Dolores?

_____

_____

_____

_____

¡Fuera!

—Pero, madrina, es que mamá no me entiende.

—Entiende más de lo que crees.

—No. Mamá no me entiende a **mí**.

Vi en la cara de mi madrina su intento sincero de reconciliar mi punto de vista con el suyo, pero algunos espacios no se pueden cerrar.

—Hija. Tu mamá sólo quiere lo mejor para ti.

—¿Lo mejor? ¿¿LO <u>mejor</u>?? ¿¿¿PARA **MÍ**???

—Aunque no lo creas. Aunque no lo entiendas. Lo <u>mejor</u>. Para **TI**.

Mi madrina era para mí el modelo perfecto de la mujer realizada. Tenía su propio negocio. Era la jefa de unos veinte empleados. No dependía de nadie, ni en finanzas, ni en esperanzas ni en sus comidas de todos los días.

—¿Cómo es que mi madre, tan consciente de las necesidades de sus hijos, no puede comprender que su única hija, su única heredera, quiere dedicar su vida al cine?

—¿Sabe ella, de tus labios, que vendiste el anillo?

—Pues, de mis labios, no.

—¿De los labios de quién?

—De nadie.

—Entonces, ¿no se ha dado cuenta?

—Pues, creo que no. Diggie me está chantajeando y mi tío Sergio es el único que además sabe.

No pensé que tuviera importancia mencionar a Cindy.

—Se lo tienes que decir. Antes de que lo descubra de otra manera.

—No he hecho nada malo.

—Estrictamente hablando, no.

—¿Entonces?

—Hija, comprende algo: ocultar la verdad es igual que mentir. Y las mentiras hacen daño.

¿Qué me decía? ¿Qué quería que hiciera? Mi madrina a menudo me confundía. La quería con todo mi corazón, pero con frecuencia, no entendía sus admoniciones. A los dieciséis años, es fácil, es casi automático, dudar de los consejos de los adultos.

—Madrina, ¿podemos continuar esta conversación en algún otro momento? Ahora tengo que estar en las canchas de tenis del colegio para filmar los finales del torneo.

—¿Con tu cámara nueva? ¿La que compraste con las ganancias de la venta del anillo?

Su voz estaba empapada en un aire de acusación. No quise enfrentarla. Fingí no haber oído lo que me preguntaba. Recogí mis cosas de la cama y salí disparada. No tenía tiempo para deliberar el pro y el contra de no ofrecerles, por voluntad propia, la verdad entera a mis padres. Era un debate que realmente no me interesaba. ¿Y por qué me iba a interesar? Era un debate que no tenía ni la menor posibilidad de ganar.

En ese momento, en el centro de mis pensamientos existía solamente una cosa: mi primera película. Había pasado un sinnúmero de noches sin dormir, calculando, planeando, inventando, tratando de formular el concepto que triunfaría en el concurso. Para mí, en ese momento de mi vida, no veía nada, no registraba nada, no comprendía absolutamente nada que no tuviera que ver con mi primera película.

Una noche, cuando papá dejó la tele en el canal de ESPN, se me ocurrió que el deporte es un idioma especial de un tipo de joven: para él o ella el amor por su deporte es su identidad principal. El joven deportista no puede vivir y

E. ¿Qué dice la madrina sobre las mentiras?

_____
_____
_____
_____

_____

F. ¿Adónde tiene que ir Dolores?

_____
_____
_____
_____

G. ¿Cuál es la única cosa que le interesa a Dolores en ese momento?

_____
_____
_____
_____

H. ¿De qué se trata su película? ¿Cuál es el título? ¿De dónde surgió la idea?

_____

_____

_____

_____

_____

I. ¿Qué le dijo Dolores a su mamá?

_____

_____

_____

_____

_____

J. ¿Quién está jugando en los finales?

_____

_____

_____

_____

_____

no sabe quién es sin su identidad como futbolista, tenista, beisbolista, basquet-bolista, volibolista o lo-que-sea-ista. El amor por su deporte les corre por la sangre. Es una característica que tienen desde el nacimiento: color de ojos, color de pelo, color de piel, deporte. De allí nació la idea y el título: «Nacionalidad: Deportista».

Le había dicho a mamá que iba a estudiar en casa de Cindy para no tenerle que explicar dónde iba a estar en realidad. Solitas, sin mi ayuda, las mentiras se iban multiplicando. Todo lo que quería y todo lo que me preocupaba era grabar los finales del torneo de tenis. Era la primera escena de mi primera película, la primera vez que iba a manejar una cámara con la meta de comple-tar una narrativa visual. Sería mi debut como camarógrafa, directora y docu-mentalista. Estaba preparada.

Llegué tarde, pero no importaba, porque sólo quería grabar algunos momentos durante varias competencias deportivas, ojalá momentos emocio-nantes. Hablé con el entrenador y me explicó que Javier, el mejor tenista del equipo y el capitán, iba ganando, aunque no fácilmente. Era el tercer set y esta-ban en muerte súbita.[1]

Me coloqué en un sitio donde los finalistas no me podían ver y la cámara no les molestaría. Senté la cámara en el trípode, ajusté el «zoom» y, sin pensar, empujé el botón que inició la grabación.

....

1 *tiebreaker*

—Beto, ¿qué haces aquí?

—Vine a ser tu asistente.

Lo que pasó en los siguientes momentos pasó tan rápidamente que no tuve mucho tiempo para descifrarlo[2]. Era punto de partido[3] a favor de Javier. Javier sacaba[4]. Su oponente devolvió el saque[5] con un tiro fenomenal que dio muy cerca de la línea de fondo[6]. No hay árbitros en los torneos del colegio; todo se basa en el código de honor que nos enseñaron desde chicos. Javier gritó «¡Fuera!» y su oponente, alicaído[7], avanzó hacia la red para darle las felicitaciones.

Beto volteó a verme porque él había visto exactamente lo que yo había visto. La pelota había caído perfectamente dentro de la línea.

—¿Qué vas a hacer?

—¿Yo? ¿Por qué tengo que hacer algo YO?

—Porque tú tienes la cámara.

Beto tenía razón. La evidencia estaba en la cámara.

—Pero, ¿sabes? Puedes destruir la cinta. Y nadie se daría cuenta.

Ay, Betito, voz de las masas. Haz lo más fácil. Olvídalo. Pero la voz que inundaba mis facultades era la de mi madrina.

«Ocultar la verdad es igual que mentir. Y las mentiras hacen daño».

2 interpretarlo 3 *match point* 4 ponía la pelota en juego 5 *serve*
6 *baseline* 7 deprimido

K. ¿Quién llega a ayudarle a Dolores?

_____

_____

_____

_____

L. ¿Qué vieron Beto y Dolores?

_____

_____

_____

_____

M. Según Beto, ¿qué opciones tiene Dolores?

_____

_____

_____

_____

N. ¿Qué sugiere Beto? ¿Está de acuerdo Dolores?

_____

_____

_____

_____

O. En una hoja aparte, escribe un párrafo sobre lo que deduces que Beto hizo. Explica por qué.

_____

_____

_____

_____

◆ ¿Qué piensas tú?

1. ¿Estás de acuerdo con Dolores o con su madrina en cuanto a la venta del anillo para comprar

la cámara? Explica. _____

_____

_____

2. ¿Qué crees que Dolores debe hacer con la videocinta? ¿Por qué? _____

_____

_____

3. Según lo que sabes hasta este punto de Dolores, ¿qué crees que va a hacer? Explica. _____

_____

_____

◆ Ortografía

Las palabras agudas, esdrújulas y sobresdrújulas

Recuerda que las palabras llanas son las que llevan el acento tónico en la penúltima sílaba: *vie-jo*, *án-gel*, *tor-tu-ga*, *a-cei-tu-na*. En este capítulo aprenderás sobre otros tres grupos de palabras y su acentuación: las palabras **agudas**, las **esdrújulas** y las **sobresdrújulas**.

1. Las palabras agudas son las que llevan el acento tónico en la última sílaba:
co-mió, *gen-til*, *rin-cón*, *flo-re-cer*.

2. Se les añade un acento escrito a las palabras agudas que terminan en vocal
o en **-n** o **-s**: *na-dó*, *sem-bré*, *can-ción*, *de-trás*.

3. Las palabras esdrújulas son las que llevan el acento tónico en la antepenúltima sílaba.
Todas las palabras esdrújulas llevan acento escrito, sin excepción: *rí-gi-do*, *pá-gi-na*,
me-tá-fo-ra, *ex-plí-ca-me*, *es-tu-vié-ra-mos*.

4. Las palabras sobresdrújulas llevan el acento tónico en la preantepenúltima sílaba.
Las palabras sobresdrújulas resultan al combinarse formas verbales con pronombres
personales, pospuestos al verbo: *contesta* → *contéstamelo*. Todas las palabras
sobresdrújulas llevan acento escrito, sin excepción: *can-tán-do-nos-la*,
a-prén-de-te-las, *de-vuél-ve-me-los*.

A. Escribe las palabras siguientes en una hoja aparte, dividiéndolas en sílabas. Luego indica si las palabras son llanas, agudas, esdrújulas o sobresdrújulas y ponles los acentos escritos necesarios. Explica por qué las palabras llevan o no acento escrito.

MODELO   rincon
Escribes: rin-cón. Es aguda y lleva acento escrito por ser palabra aguda que termina en -n.

1. piramide	**6.** tapial	**11.** transportandonoslo
2. sembramos	**7.** camara	**12.** ademas
3. pantalon	**8.** severo	**13.** pelicula
4. reparemelo	**9.** curiosidad	**14.** pidaselos
5. panico	**10.** cesped	**15.** durmio

Gramática: El presente perfecto del indicativo

El presente perfecto se usa...

    1. Para referirse a hechos finalizados recientemente que tienen repercusiones en el momento presente. En contraste, el pretérito simple se refiere a hechos que implican otro tiempo más alejado y definitivamente concluido:

        *Pablo no **ha ido** a ver el Ballet Folklórico.* (pero todavía lo puede ver)
        *Pablo no **fue** a ver el Ballet Folklórico.* (mientras estuvo en la capital)

    2. En muchos casos con expresiones adverbiales que indican frecuencia: *siempre, nunca, alguna vez, muchas veces, hasta ahora, últimamente, ya, todavía.* En este caso, el presente perfecto se refiere a acciones que han ocurrido (o no) varias veces a través del tiempo. En algunos casos, también se puede usar el pretérito, pero a veces el significado varía.

        *Ernesto siempre **ha sido** muy travieso.* (y todavía lo es)
        *Siempre **fue** el más travieso de la clase.* (de niño)

A. El abuelo de Enrique está explicando cómo ha cambiado su vida durante los últimos veinte años. Completa su explicación con la forma correcta del presente perfecto.

    1. Yo _____ _____ (ver) muchos cambios en mi vida.

    2. La ciudad _____ _____ (crecer) mucho.

    3. Muchas personas _____ _____ (empezar) a usar el transporte público en vez de su carro.

    4. ¡Y tú, Enrique! No me _____ _____ (visitar) tanto durante los últimos años.

    5. Pero nosotros _____ _____ (descubrir) otras maneras de comunicarnos.

    6. ¡Yo no _____ _____ (cambiar) mucho!

UN PASO MÁS

Nombre _____ Fecha _____

B. Contesta las preguntas de esta encuesta telefónica sobre las vacaciones.

1. ¿Alguna vez has viajado al extranjero?

_____

_____

_____

2. En tu opinión, ¿cuáles fueron las mejores vacaciones que tú y tu familia han tomado?

_____

_____

_____

3. ¿Qué actividades les han gustado más a tus hermanos o primos durante las vacaciones?

_____

_____

_____

4. ¿Han visto algo extraordinario en algunas de sus vacaciones?

_____

_____

_____

La vida profesional

Los entrenadores

¿Cuál es tu deporte preferido? ¿Te gustaría trabajar en el campo del deporte algún día?

Primero, haz una lista de entrenadores de diferentes deportes.

1. entrenador(a) de fútbol

2. entrenador(a) de ejercicios aeróbicos

3. _____

4. _____

5. _____

6. _____

7. _____

8. _____

Entrenador de fútbol entrenando a sus jugadores

UN PASO MÁS

Nombre _____ Fecha _____

La vida profesional

◆ Vamos a escribir

A. Ahora, escoge uno de los tipos de entrenadores que anotaste en la página 155, y haz una lista de preguntas que te gustaría hacerle. Busca a ese tipo de entrenador(a) en tu comunidad. Vas a entrevistarlo(la) para saber más sobre el uso del español en su trabajo. Primero, completa el cuestionario que sigue.

1. ¿Qué entrenamiento recibió? _____

_____

2. ¿Es útil el español en su campo? _____

_____

3. ¿Cuántos de sus clientes hablan español? _____

_____

4. _____

_____

5. _____

_____

6. _____

_____

7. _____

_____

8. _____

_____

B. Ahora, haz una cita con la persona que identificaste en la Actividad A. Ve a entrevistarlo(la) y hazle las preguntas de tu cuestionario. Luego, escribe un párrafo breve sobre tu entrevista y lo que aprendiste. ¿Sigues con tu deseo de ser entrenador(a) en ese deporte? Explica tu respuesta.

_____

_____

_____

_____

_____

Enfoque básico

7

 **GeoVisión** *San Juan*

Antes de ver

A. En un grupo pequeño, escriban una lista de cosas que asocian con San Juan, Puerto Rico y el Caribe.

_____

_____

Después de ver

B. Identifica las siguientes fotos. No hace falta usar todas las palabras en el cuadro. Después de que las identifiques, escribe una oración sobre lo que ya sabes de ese sitio.

el capitolio	la Casa Alcaldía
la catedral	Isla Verde
El Morro	
Plaza del Quinto Centenario	

1.   2.   3.

1. _____

2. _____

3. _____

C. Lee los siguientes comentarios sobre San Juan. Di si cada comentario es
a) **cierto** o b) **falso**.

_____**1.** Fue fundado por Cristóbal Colón.

_____**2.** Es la segunda ciudad más antigua de las Américas.

_____**3.** Tiene dos fuertes: El Morro y San Cristóbal.

_____**4.** Su catedral es la más moderna de América.

_____**5.** Es el segundo puerto más grande de este lado de las Américas.

_____**6.** Isla Verde tiene las oficinas de los senadores y los representantes.

D. Si tuvieras que escribir un folleto turístico sobre San Juan, Puerto Rico, ¿qué incluirías? En una hoja aparte, escribe un párrafo para convencer a los viajeros de visitar a San Juan.

ENFOQUE BÁSICO

Nombre _____ Fecha _____

7 Vocabulario
en acción 1

◆ Vocabulario para describir comida; sinónimos y antónimos

◆ El vocabulario culinario o de la cocina está lleno de adjetivos descriptivos.

sabores	olores	frescura	preparación	textura
agrio(a)	**humeante**	**fresco(a)**	**crudo(a)**	**aguado(a)**
amargo(a)	**fragante**	**pasado(a)**	**tibio(a)**	**blando(a)**
azucarado(a)	**apestoso(a)**	**podrido(a)**	**tostado(a)**	**espeso(a)**
pimentoso(a)	**rancio(a)**		**bien cocido(a)**	**crujiente**

◆ Los **sinónimos** son palabras que tienen significado igual o parecido. Por ejemplo: **sabroso** y **delicioso, mesera** y **camarera, asqueroso** y **hediondo.**

◆ Los antónimos son palabras que expresan significados opuestos. Por ejemplo: **crudo** y **coci-do, blando** y **crujiente, humeante** y **helado.**

1. Completa cada par de sinónimos con una palabra del cuadro.

agrio	azucarado	fragante	helado	sabroso

1. glacial y _____

2. dulce y _____

3. gustoso y _____

4. ácido y _____

5. perfumado y _____

2. Empareja cada palabra con el antónimo correcto.

_____ 1. fresco   **a.** dulce

_____ 2. amargo   **b.** crudo

_____ 3. espeso   **c.** apestoso

_____ 4. fragante   **d.** aguado

_____ 5. bien cocido   **e.** pasado

3. Completa las oraciones con las palabras del cuadro.

amarga	blanda	crudo	crujiente
gustoso	humeante	rancia	

1. No te tomes esa leche porque está _____.

2. Calienta la sopa hasta que esté _____.

3. A mí me gusta la carne término medio _____.

4. La limonada sabe _____ cuando no tiene azúcar.

5. Me gusta el pan recién tostado porque es _____.

6. Los bebés comen comida _____ como zanahorias cocidas.

7. Te recomiendo este guiso; está _____.

4. Vuelve a escribir este artículo acerca de un restaurante, sustituyendo las palabras subrayadas por sus sinónimos.

> **Todo lo que ofrece el nuevo café Canela es <u>rico</u>. Los jugos no son muy <u>dulces</u>, las sopas son <u>sabrosas</u>, los tés son <u>fragantes</u> y el pan es <u>suave</u>.**

_____
_____
_____
_____
_____
_____
_____

5. Escribe cuatro oraciones que describan tu plato favorito. Usa todas las palabras descriptivas que puedas.

_____
_____
_____
_____
_____
_____

7 Gramática en acción 1

◆ Concurrencia de pronombres de complemento

◆ Si un pronombre de complemento indirecto y uno de complemento directo aparecen en una misma oración, el complemento indirecto siempre ocupa el primer lugar.

No **me lo** trajo.

◆ El pronombre de complemento indirecto siempre va delante del pronombre de complemento directo.

Ella **me los** trajo.   Yo **te lo** dile.

¿Quién **te las** prestó?   Mi mamá **nos lo** recomendó.

◆ Por la ambigüedad de **se** en cuanto a número (puesto que reemplaza ambos **le** y **les**) algunos hablantes añaden -s a los pronombres de complemento directo **lo** y **la** para indicar la pluralidad de se.

	Popular	Oficial
Ya **les dije** eso. ⟶	*Ya **se los** dije.	Ya **se lo** dije.

6. Empareja cada pregunta con la respuesta correcta.

_____ 1. ¿Ya nos trajo la cuenta?   **a.** Sí, se los trajo.

_____ 2. ¿Te trajo el menú?   **b.** Sí, me lo trajo.

_____ 3. ¿Les trajo agua?   **c.** No, no se las trajo.

_____ 4. ¿Le trajo los bocadillos?   **d.** No, todavía no nos la trajo.

_____ 5. ¿Les trajo las fresas?   **e.** Sí, ya se lo trajo.

7. Vuelve a escribir las oraciones, reemplazando las palabras subrayadas por pronombres de complemento. Haz los cambios necesarios.

1. El mesero nos ofreció <u>agua</u>. _____

2. Les recomiendo <u>la sopa de cebolla</u>. _____

3. No les dijiste <u>eso</u>. _____

4. Voy a servirles <u>el postre</u>. _____

5. ¿Te pido <u>el plato del día</u>? _____

8. Indica si el pronombre **se** sirve como **a)** complemento indirecto o **b)** pronombre reflexivo.

_____ 1. Ya no hay pastel porque los niños ya se lo comieron.

_____ 2. Pili tiene la piel muy sana porque se la lava todos los días.

_____ 3. Después de pelar las cebollas y los ajos, Lisa se cepilló las manos.

_____ 4. No queda refresco porque ella se lo bebió ayer por la tarde.

_____ 5. René se peinó muy bien antes de ir a la clase de cocina.

Mandatos con pronombres y con vos

◆ Los pronombres van delante de los mandatos negativos (no **te lo** quites) y van unidos a los mandatos afirmativos (pón**telo**). Los pronombres de complemento directo siempre van después de los pronombres de complemento indirecto o reflexivos: Lléve**selo.**

◆ En el habla popular algunas personas cambian la posición de las consonantes o el acento tónico de los mandatos para formar sílabas más básicas. Esto no es oficial.

Popular	Oficial
¡Dígamen!	¡Díganme!
¡Dánolos!	¡Dánoslo!
¡Díceselo!	¡Díselo!

◆ En las regiones donde se emplea el pronombre personal **vos** (pronombre de confianza usado en vez tú), se conjugan los mandatos con base en la forma del mandato de vosotros.

Afirmativo		Negativo	
vosotros	vos	vosotros	vos
llevad	**llevá**	no llevéis	**no llevés**
llevadme	**llevame**		
acostaos	**acostate**	no os acostéis	**no te acostés**
servídmelo	**servímelo**	no me sirváis	**no sirvás**

9. Escoge la respuesta correcta.

_____ 1. ¿Les sirvo el café?   **a.** Sí, sírvenoslo.   **b.** Sí, sírvenolos.

_____ 2. ¿Se lo digo?   **a.** Sí, díceselo.   **b.** Sí, díselo.

_____ 3. ¿Les traigo un plato?   **a.** No, no se lo traigas.   **b.** No, no se los traigas.

_____ 4. ¿Te lo preparamos?   **a.** Sí, prepárenmelo.   **b.** Sí, prepáremenlo.

_____ 5. ¿Les doy la receta?   **a.** Sí, dánolas.   **b.** Sí, dánosla.

_____ 6. ¿Te lo mostramos?   **a.** Sí, muéstrenmelo.   **b.** Sí, muéstremenlo.

10. Vuelve a escribir las oraciones, cambiando la forma **vos** a **tú.**

1. Decíselo._____

2. Ponételos._____

3. No se los sirvás. _____

4. Pedínoslo._____

5. No te lo comás. _____

6. Lavátelas. _____

7. Contásela. _____

Nombre _____ Fecha _____

Gramática en acción 1

◆ Los adverbios

- ◆ Los adverbios son palabras que modifican a los verbos (camina **despacio**), adjetivos (**muy** bonito) u otros adverbios (**bastante** bien). Hay adverbios de lugar (**aquí, fuera, lejos**), de tiempo (**ahora, ayer, nunca**), de modo (**mal, fuerte, tranquilamente**) y de cantidad (**mucho, bastante, casi**).

- ◆ Muchos adverbios se construyen con la forma femenina de adjetivos más la terminación -mente: rápida + -mente ➝ **rápidamente.**

- ◆ ¡OJO! Cuando se escriben dos o más adverbios, sólo el último lleva la terminación -mente: Ganaron **rápida** y **fácilmente.**

- ◆ Las palabras **mejor** y **medio** son invariables como adverbios. En el habla popular, los hablantes las hacen concordar con la forma del adjetivo al que modifica, lo cual no es oficial.

Popular	Oficial
medias inquietas	**medio** inquietas
mejores escritos	**mejor** escritos

- ◆ Algunos adverbios tienen usos populares que se deben evitar.

Popular	Oficial
Sólo hizo que comer.	**No** hizo **más que** comer.
Se come bien, **mayormente** aquí.	Se come bien, **sobre todo** aquí.
Eso es **mismamente** lo que dije.	Eso es **precisamente** lo que dije.
Ya mismo voy.	**Ahora** mismo voy.
Recién llegué.	**Acabo de** llegar.

11. Subraya los 15 adverbios de la siguiente conversación.

CLIENTE   ¿Qué me recomienda hoy para cenar?

MESERO   El lechón asado está muy sabroso.

CLIENTE   Acabo de comer lechón. Tráigame mejor un bistec bien cocido.

MESERO   Enseguida se lo traigo.

(Poco después…)

MESERO   Casi no probó la comida, señor. ¿No tiene mucha hambre?

CLIENTE   Sí, pero desgraciadamente la carne está medio cruda.

MESERO   El cocinero puede volver a prepararla amable y rápidamente.

CLIENTE   Tengo que irme ahora mismo. Nunca vuelvo a comer aquí.

12. Lee cada par de oraciones y marca la correcta con una X.

1. _____ **a.** Gisela habla rápida y constantemente.

   _____ **b.** Gisela habla rápidamente y constantemente.

2. _____ **a.** Éstos son los dos postres mejor preparados.

   _____ **b.** Éstos son los dos postres mejores preparados.

3. _____ **a.** La sopa está media fría.

   _____ **b.** La sopa está medio fría.

4. _____ **a.** Comamos balanceado desde ya.

   _____ **b.** Comamos balanceado desde ahora.

5. _____ **a.** Daniel solo hizo que quejarse.

   _____ **b.** Daniel no hizo más que quejarse.

6. _____ **a.** A mí me gustan las sopas, sobre todo el pozole.

   _____ **b.** A mí me gustan las sopas, mayormente el pozole.

13. Completa el párrafo, cambiando los adjetivos entre paréntesis a adverbios.

Yo voy al restaurante Roma (1) _____ (frecuente), casi

(2) _____ (diario). Allí, (3) _____ (típico) veo a

mi amigo Guido cocinar (4) _____ (delicioso). Me gusta mucho su

comida, (5) _____ (especial) la lasagna. Guido la prepara

(6) _____ (cariñoso) y (7) _____ (cuidadoso).

Yo siempre como su lasagna (8) _____ (gustoso) y

(9) _____ (rápido).

14. Completa las oraciones con los adverbios de tu elección.

1. _____ me levanto antes de las siete.

2. Me gusta vestirme _____.

3. _____ llego temprano al colegio.

4. En mi primera clase, estoy _____ despierto(a).

5. En la cafetería nosotros comemos _____.

6. Practico deportes _____.

7. _____ ceno antes de estudiar.

8. Me gusta relajarme, _____ escuchando música.

ENFOQUE BÁSICO

Nombre _____ Fecha _____

VideoCultura *Comparaciones*

Antes de ver

A. ¿Qué fiesta especial se celebra en tu comunidad? ¿Qué comida(s) se prepara(n) para esa ocasión? Da todo los detalles que puedas.

_____

_____

Después de ver

B. Escribe la letra de la respuesta correcta en el espacio en blanco.

1. En Puerto Rico celebran _____.
   a. Cinco de Mayo   **b.** Nochebuena   **c.** Hanukah

2. Tembleque es ____.
   a. una bebida   **b.** un postre   **c.** una sopa

3. El tembleque se prepara con ____.
   a. cui   **b.** arroz   **c.** leche

4. Para hacer arroz con gandules, primero se sofríe ajíes, pimiento y ____.
   a. coco   **b.** canela   **c.** cebolla

5. La fiesta más importante de allí es ____.
   a. Navidad   **b.** Corpus Cristi   **c.** Año Nuevo

6. En esa fiesta se come _____.
   a. arroz con gandules   **b.** arroz con leche   **c.** chiriuchu

7. Esa comida es a base de ____.
   a. arroz   **b.** cui   **c.** especias

8. En Venezuela, la comida típica de Nochebuena es _____.
   a. la hallaca   **b.** el pan dulce   **c.** el cochino

9. La preparación de este plato puede tomar _____.
   a. cinco horas   **b.** dos días   **c.** un mes

C. Si eres puertorriqueño(a), o si conoces a un(a) puertorriqueño(a), o si has visitado Puerto Rico alguna vez, escribe un párrafo sobre tus impresiones de la isla, la comida, la gente y las tradiciones.

_____

_____

_____

Nombre _____ Fecha _____

Vocabulario
en acción 2

◆ Nombres de especias; diccionario culinario

◆ Las especias son sustancias vegetales aromáticas que se usan en pequeñas cantidades para condimentar o darle sabor a la comida.

el anís	**el comino**	**el orégano**
el azafrán	**el jengibre**	**el romero**
la canela	**el laurel**	**la salvia**
el clavo de olor	**la nuez moscada**	**el tomillo**

◆ Como todos los oficios, el de la cocina tiene su propio lenguaje.

amasar   trabajar una masa con las manos

batir a punto de nieve   remover enérgicamente claras de huevo hasta que alcancen gran densidad

colar   filtrar o escurrir para separar el líquido

desmenuzar   deshacer en pedazos pequeños

espolvorear   esparcir polvo (como harina o azúcar) sobre algo

flamear   pasar una pieza por encima de una llama

glasear   cubrir de una capa dulce a fin de darle brillo

majar   quebrar algo, machacándolo

saltear   cocer en la sartén sobre un fuego vivo, removiendo enérgicamente

15. Empareja los dibujos de los utensilios de la cocina con los verbos correspondientes.

batir   colar   majar   saltear

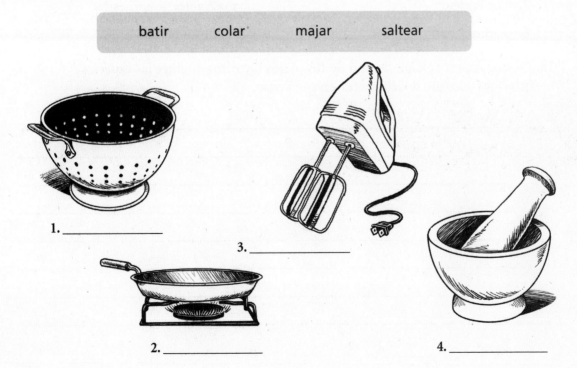

1. _____

3. _____

2. _____

4. _____

ENFOQUE BÁSICO

16. Completa cada oración con la palabra más lógica.

1. La salsa de espaguetis lleva orégano y una hoja de _____. (anís/laurel)

2. Las galletas de mi abuela llevan nuez moscada y _____. (clavo de olor/romero)

3. Se hornea las manzanas y se agrega _____ y azúcar. (canela/comino)

4. Este pollo asado huele bien porque tiene mucho _____. (laurel/romero)

5. El _____ (azafrán/jengibre) le da al arroz un color amarillo.

6. El estofado de carne lleva orégano, salvia y _____. (canela/tomillo)

17. Completa cada oración con la palabra más lógica del cuadro.

amasa	se baten	se cuelan	se desmenuza
glasea	se maja	se saltea	se espolvorea

1. Primero, _____ un diente de ajo con el mango del cuchillo.

2. En un sartén sobre el fuego vivo, _____ las cebollas picadas.

3. Cuando los fideos estén cocidos, _____ para sacarle el agua.

4. Con las manos, _____ el pollo hasta que quede en tiritas.

5. Las claras de huevo _____ a punto de nieve.

6. El pastelero _____ el pastel con merengue y luego lo decora.

7. El panadero _____ la masa antes de hornearla.

8. Al final, _____ azúcar sobre los bollos.

18. Escribe la preparación de uno de tus platos favoritos. Incluye las especias que lleva y lo que se debe hacer en cada paso.

_____

_____

_____

_____

_____

_____

_____

_____

ENFOQUE BÁSICO

Gramática en acción 2

Otros usos del imperfecto

◆ El imperfecto es el tiempo para las descripciones pues nos indica la situación, el contexto y las circunstancias sin avanzar la historia.

Era un día perfecto. El sol **brillaba** y los pájaros **cantaban.** Nosotros **comíamos** mientras **contábamos** chistes.

◆ Al recordar los comentarios de alguien se emplea *el estilo indirecto*. El verbo que expresa la forma o el tipo del habla (afirmar, contestar, declarar, decir, explicar, insistir, preguntar y proclamar) va en el pretérito, y el que está en el comentario va en el imperfecto.

El cocinero **afirmó** que ya no **había** azúcar.

El mesero **explicó** que el gazpacho se **servía** frío.

19. Completa las oraciones con las formas verbales correctas.

1. Mi amigo dijo que no _____ (puede/podía) ir.

2. Yo le pregunté si _____ (supo/sabía) la ocasión.

3. _____ (Era/Iba) el día de mi quinceañera.

4. En un gran salón, una banda tocaba mientras los invitados _____ (bailaron/bailaban).

5. Durante el baile, mis amigos afirmaron que _____ (es/era) una fiesta inolvidable.

20. Combina elementos de cada cuadro para escribir cuatro oraciones en el pasado.

el cocinero la mesera los clientes nosotros	afirmar decir explicar insistir	el flan la sopa la carne el té	faltarle vainilla saber a ajo estar en su punto oler a canela

_____

_____

_____

_____

_____

ENFOQUE BÁSICO

Nombre _____ Fecha _____

Gramática
en acción 2

◆ Resumen de los usos del imperfecto

El imperfecto se refiere a un tiempo pasado. Se emplea para:

◆ referirse a acciones habituales, repetidas o duraderas.

Elena **trabajaba** en un restaurante.   **Comíamos** sancocho todos los domingos.

◆ referirse a características físicas, mentales y emocionales.

Mi hermana **era** rubia.   Nos **gustaba** saltar a la cuerda.

◆ describir las circunstancias y el contexto de un evento.

Tenía cinco años y no sabía leer.   **Era** de noche y llovía.

◆ indicar intenciones o acciones inconclusas.

Pedro **venía** hoy pero cancelaron su vuelo.   **Queríamos** ir al cine.

21. Completa las oraciones con la forma verbal correcta.

1. De niños, nos _____ (encanta/encantaba) jugar al pilla-pilla.

2. Todavía me _____ (fastidia/fastidiaba) hacer la cama.

3. _____ (Fueron/Eran) las siete y todos desayunaban.

4. Ahora no _____ (tengo/tenía) tanto miedo como antes.

5. Cuando tenía ocho años, no _____ (comí/comía) nada picante.

6. El partido _____ (fue/era) esta mañana pero se canceló.

7. Antes _____ (preparamos/preparábamos) pasteles para Navidad.

22. Usa verbos distintos para decir cómo has cambiado desde que tenías siete años.

1. Cuando tenía siete años, no _____ pero ahora
   _____.

2. Cuando tenía siete años, no _____ pero ahora
   _____.

3. Cuando tenía siete años, no _____ pero ahora
   _____.

4. Cuando tenía siete años, no _____ pero ahora
   _____.

5. Cuando tenía siete años, no _____ pero ahora
   _____.

ENFOQUE BÁSICO

Gramática *en acción* 2

◆ Los participios pasados usados como adjetivos

- El participio pasado tiene dos funciones: a) verbal, cuando acompaña al verbo **haber** en sus formas compuestas (había **picado** cebollas) y b) adjetiva, cuando califica a un sustantivo (las cebollas **picadas**).

- Estos verbos tienen un participio irregular para ambas funciones.

abrir → abierto	hacer → hecho	resolver → resuelto	cubrir → cubierto
imprimir → impreso	romper → roto	decir → dicho	morir → muerto
ver → visto	escribir → escrito	poner → puesto	volver → vuelto

- Hay verbos que tienen participio doble; es decir, una forma regular que se usa para los verbos compuestos y una forma irregular que se usa solamente como adjetivo.

Infinitivo	Forma verbal	Forma adjetiva
absorber	absorbido	absorto
despertar	despertado	despierto
elegir	elegido	electo
extender	extendido	extenso
fijar	fijado	fijo
freír	freído	frito
juntar	juntado	junto
limpiar	limpiado	limpio
soltar	soltado	suelto

23. Completa las oraciones con las formas correctas.

1. Los pasteleros se han _____ (despertado/despiertos) hace horas.

2. La pastelería está _____ (abrida/abierta) desde las seis.

3. Los pastelitos están _____ (cubierto/cubiertos) de chocolate.

4. La mesa está _____ (puesto/puesta) y los panes están (hecho, hechos).

5. Todos los productos tienen precios _____ (fijados/fijos).

6. El panadero, _____ (absorbido/absorto) en sus pensamientos, miraba el suelo (limpiado/ limpio).

7. De repente, un perro _____ (soltado/suelto) entró a la pastelería.

8. Por eso habían _____ (limpiado/limpios) el piso y recogido los platos (rompido, rotos).

ENFOQUE BÁSICO

Nombre _____ Fecha _____

24. Completa el párrafo con el participio pasado de los verbos entre paréntesis.

Las verduras (1) _____ (congelar) tienen tantas vitaminas como las frescas.

También tienen la ventaja que ya están (2) _____ (lavar),

(3) _____ (pelar) y (4) _____ (cortar). Para no tener una

dieta (5) _____ (aburrir), necesitas variar la preparación de ellas. Por ejem-

plo, puedes preparar verduras (6) _____ (hervir), (7) _____

(asar), (8) _____ (freír) o (9) _____ (cocer) al vapor. Para el

deleite de niños y grandes, ponle encima un poco de queso (10) _____

(derretir).

25. Completa las oraciones con el participio pasado de los verbos del cuadro.

abrir	cubrir	hacer	hervir
hornear	picar	romper	

1. Me encanta el pan recién _____.

2. Odio las espinacas _____.

3. Es difícil cocinar con una olla _____.

4. Las cebollas _____ me hacen llorar.

5. ¿Te gusta el pan tostado _____ de queso crema?

6. Los chocolates _____ en Suiza son deliciosos.

7. El calor salió por la puerta _____ del horno.

26. Expresa tus gustos con los participios pasados adecuados.

1. Me gustan los huevos _____.

2. Prefiero las papas _____.

3. Detesto la carne _____.

4. Casi nunca como verduras _____.

5. Me encanta el pollo _____.

6. Me da igual el pan_____.

¡Leamos!   San Juan, Puerto Rico

En San Juan hay mucho que hacer y ver. Hay museos, iglesias y galerías de arte. Hay plazas, parques y playas donde se pueden practicar una variedad de diferentes deportes. Y además, hay bastantes actividades culturales de donde escoger.

En esta ciudad, también se encuentran algunos de los mejores restaurantes del Caribe donde uno puede probar la cocina criolla, la cual es una mezcla de influencias españolas, taínas, africanas y norteamericanas.

Uno de los postres tradicionales de la isla es el tembleque, pero hay otra cosa disfrutada por personas de todas las edades. En San Juan, en la pequeña Plaza de Hostos, puedes ver a los "piragüeros" vendiendo "piraguas," o conos de hielo picado. Según los puertorriqueños, estos conos son especiales ya que se preparan con almíbar de frutas como la naranja, el limón, el coco, la piña, la guayaba y el tamarindo.

¿Sabes cómo se les llaman en otros países? Pues, en Argentina se les llaman cucurucho de helado. En México, Colombia y Nicaragua, se les llaman raspado. Los cubanos dicen granizado, los dominicanos dicen frío-frío o guayao y los hondureños dicen nieve. En El Salvador, el cono de hielo picado se llama minuta y en Guatemala, la charamusca. Y tú, ¿cómo le llamas al cono de hielo picado?

Comprensión

Según la lectura, indica si las siguientes oraciones son **ciertas** o **falsas.**

_____ **1.** La cocina criolla es una mezcla de influencias españolas, taínas, africanas y norteamericanas.

_____ **2.** El tembleque es un postre tradicional de Puerto Rico.

_____ **3.** Los piragüeros venden conos de hielo picado en la Plaza de Hostos.

_____ **4.** En México, los conos de hielo picado se llaman "raspado".

En tu opinión

1. El coco es un ingrediente común de muchos postres de Puerto Rico como, por ejemplo, el flan de coco, el tembleque y el boudin de pasas con coco. ¿Cuál es el ingrediente más común de los postres que te gustan a ti?

_____

2. En los Estados Unidos, sólo hay una palabra para referirse al cono de hielo picado y es *snow cone.* ¿Por qué crees que existen distintos nombres en Latinoamérica?

_____

3. ¿Piensas que el tiempo influye lo que comes? Es decir, ¿te gusta comer helado durante el invierno? ¿Tomas chocolate caliente cuando hace calor?

_____

ENFOQUE BÁSICO

> **Estrategia para escribir** Los sonidos, olores, vistas y sabores que acompañan lo que deseas describir son elementos que le permiten al lector imaginar y sentir el mundo que tu creas. Piensa en cómo tu narración de cada evento puedes mejorar con adjetivos que se refieren a los cinco sentidos.

¡Escribamos!

Un desayuno de sorpresa

Ayer por la mañana, intentaste de preparar un desayuno de sorpresa para tus padres porque era su aniversario. ¡Pero todo fue un desastre! En vez de despertarse por el aroma del café y un desayuno sabroso, tus padres se despertaron por la alarma del detector de humo. A pesar de todo, salieron a comer a un restaurante para celebrar. Escribe un párrafo describiendo qué pasó e incluye por lo menos cuatro cosas que sucedieron. Luego explica a qué restaurante fueron y qué pidieron.

Menú	¿Qué sucedió?
-huevos revueltos con cebolla	-sólo había un huevo y no había cebolla
-pan tostado	
-café	

1 Antes de escribir

Haz una lista que querías preparar para el desayuno. Escribe por lo menos cuatro cosas. Después de cada comida o bebida, describe qué sucedió. Por ejemplo, ¿te faltaron algunos ingredientes? ¿Le echaste mucha sal o azúcar? ¿Se te quemó algo? ¿Pudiste hacer el café? ¿A qué sabía la comida? Cuenta por qué sonó el alarma del detector de humo, cómo reaccionaron tus padres y qué les dijiste. Luego di adónde fueron para celebrar su aniversario y qué comieron finalmente.

2 Escribir un borrador

Empieza el párrafo describiendo el menú. Cuenta por qué todo te salió mal o por qué no pudiste cocinar lo que querías. Explica cómo sonó la alarma del detector de humo. ¿Qué se estaba quemando? Luego cuenta cómo reaccionaron tus padres y qué les dijiste. Finalmente, di a qué restaurante fueron para celebrar y qué pidieron para comer.

3 Revisar

Lee la narrativa por lo menos dos veces. Revisa la ortografía y la puntuación. Asegúrate que usaste el pretérito y el imperfecto correctamente. También revisa si utilizaste palabras o frases que apelan a los cinco sentidos: vista, tacto, gusto, olfato, oído.

Nombre _____ Fecha _____

Un paso más

Antes de leer

Estrategia

La palabra principal. Esta estrategia ayuda al lector a identificar el tema de la lectura. El lector divide el texto en fragmentos o párrafos, y escoge palabras claves, o sea, las palabras que parecen contener el mensaje que quiere comunicar el autor. Al usar esta estrategia el lector aprende a identificar la idea principal de un texto y a hacer inferencias y generalizaciones.

El primer párrafo. Lee el primer párrafo del cuento *Amor secreto*. Escoge las palabras que en tu opinión son las más importantes. Luego, explica tu elección y contesta las preguntas que siguen.

> Le dije que no lo hiciera. Estaba seguro de que no comprendía en absoluto las consecuencias sociales de desenmascarar a un héroe deportista. Pero no había modo de convencerla. Me parecía más fácil trasladar a Europa una de las cabezas de los presidentes de Mount Rushmore que hacerla cambiar de opinión.

1. ¿Te ayudó el título a decidir cuáles son las palabras principales del texto? _____

   _____

   _____

2. ¿Por qué crees que las palabras que escogiste son las más importantes? _____

   _____

   _____

3. Basándote en las palabras principales que escogiste, ¿de qué crees que se va a tratar

   el cuento? ¿Por qué? _____

   _____

   _____

◆ Vocabulario

Palabras de emoción. Algunas palabras llevan un cierto grado de emoción. Por ejemplo, compara la palabra «**revelar**» con la palabra «**desenmascarar**». ¿Cuál tiene un grado más fuerte de emoción? Busca en el cuento seis palabras que tienen un grado fuerte de emoción y entonces escribe un sinónimo menos potente.

1. _____   4. _____

2. _____   5. _____

3. _____   6. _____

A. ¿Quién es el narrador del cuento?

_____

_____

_____

_____

B. ¿De qué hablan Beto y Dolores? ¿Qué piensa Beto? ¿Qué piensa Dolores?

_____

_____

_____

_____

C. ¿Dónde están?

_____

_____

_____

_____

Amor secreto

  Le dije que no lo hiciera. Estaba seguro de que no comprendía en absoluto las consecuencias sociales de desenmascarar[1] a un héroe deportista. Pero no había modo de convencerla. Me parecía más fácil trasladar[2] a Europa una de las cabezas de los presidentes de Mount Rushmore que hacerla cambiar de opinión.

  —No sabes lo que haces.

  —Beto. Por favor. Sé muy bien lo que hago.

  —Pero, Loli…

  La mirada que me lanzó me clavó una flecha en el corazón. Era una mirada con la cual estaba muy familiarizado.

  —Perdona. *(pausa)* Dolores. *(pausa)* Piénsalo bien, por favor. Javier es un muchacho que…

  —¿Que qué? ¿Que ganó un campeonato por medios fraudulentos?

  —Son palabras fuertes, Dolores. A lo mejor vio la pelota como lo declaró. Admite, Dolores. A esa velocidad, es imposible saber.

  —La cámara no miente.

  —Pero en ese instante, Javier no tenía la ventaja de una cámara.

  —Ni la desventaja.

  Paré el columpio y me puse de pie. Como lo había hecho miles de veces antes, me coloqué detrás de ella y le di un vigoroso empujón. El arco de su movimiento hacia el cielo, con el pelo flotando contra el aire y el sol amplificando su perfil, me transportó al día en que la conocí. En este mismo patio de recreo, sobre este mismo columpio. Era el primer día de escuela y teníamos la gran y sabia edad de siete años.

....

1 revelar la verdad   **2** transportar

—¿Qué miras?

—Nada.

—¿Qué quieres?

—Nada.

—Pues, vete, entonces.

Jamás, en mi corta vida, había sido tratado con tanto desagrado por una persona del sexo opuesto. Hijo único con tres hermanas y varias tías, yo creía que el mundo femenino, sin excepción, me adoraba. Qué sorpresa encontrar a una chiquitilla que me rechazaba. Allí mismo, a pesar de su manera brusca y sus palabras desafiantes[3], me picó la mosca del amor. Y si soy sincero, que no siempre me conviene, es una picada de la cual todavía no me recupero.

—Dolores.

—Sí, Beto.

—Hazme el favor de recapacitar[4].

—Gilberto.

Cada vez que pronuncia las tres sílabas de mi nombre de pila de esa manera, suave pero marcadamente, siento en la profundidad de mi estómago un temblor que en la escala de Richter podría destrozar una ciudad del tamaño de Nueva York. No me explico por qué no ha habido una mujer presidenta en este país. Les es tan fácil controlarnos.

—Sabes muy bien por qué no puedo. No tengo más remedio.

—¡No es verdad! ¡Tienes muchas alternativas!

—¿Como qué? ¿Borrar el video y olvidarlo? Después de tantos años, ¿cómo puedes creerme capaz?

. . . .

3 provocadoras   **4** reconsiderar

D. ¿De qué se acuerda Beto?

_____

_____

_____

_____

_____

E. ¿Le sorpendió a Beto cómo lo trató la pequeña Dolores?

_____

_____

_____

_____

F. ¿Qué le pasó a Beto ese día?

_____

_____

_____

_____

_____

*Contesta las preguntas de **Comprensión** en una hoja aparte.*

G. ¿De qué quiere convencer Beto a Dolores? ¿Por qué?

_____

_____

_____

_____

_____

H. ¿Qué tiene que hacer Dolores primero? ¿y luego?

_____

_____

_____

_____

_____

I. ¿Cómo se sentía Dolores sobre el accidente de su tío? ¿Y cómo se comportó cuando lo vio en el hospital?

_____

_____

_____

_____

_____

J. Según Beto, ¿cómo es Dolores?

_____

_____

_____

_____

_____

Dolores no entiende o, quizás entiende pero no respeta, la zona de protección que rodea al deportista exitoso. Javier, en sus batallas deportivas, ha logrado conseguir el estatus semidivino del soldado que regresa victorioso de la guerra. Armado con sus trofeos y sus medallas de honor, su público lo recibe con una adoración ciega que no le permite ninguna debilidad. A la que dude de él, se la tragarán. Viva.

—Tengo que enseñarle el video a Javier. A ver qué hace.

—Y ¿si no hace nada?

—Entonces voy a tener que dárselo al entrenador.

Se bajó del columpio y desapareció en el anochecer antes de que yo pudiera formular mi respuesta.

Dolores no es como las otras… Aquella noche, cuando recibimos la llamada avisándonos del estado crítico de su tío, pensé que con la catarata continua de sus lágrimas, iba a crear un nuevo océano. No pude consolarla, le llevé flores, le llevé chocolates, traté de distraerla, traté de recordarle quién era: la muchacha de la risa en los ojos. Aunque estaba hecha pedazos, en el momento en que se presentó ante su tío, no exhibió nada de esa tristeza. Para él se transformó en la chica alegre que no quería nada más que pasar unos momentos chéveres con su tío predilecto[5].

Sin embargo, tiene unas faltas de percepción gigantescas. Cuando se le mete una idea a la cabeza, olvídate de quitársela. Es obstinada, persistente y cabezuda. Este lío con Javier es un ejemplo perfecto: ¿por qué no puede dejarlo a un lado? En realidad, es una situación que no le concierne. La verdadera batalla está entre Javier y su conciencia, no entre Dolores y su versión de la justicia. Pero cuando está segura que se ha cometido un mal, cree que tiene la responsabilidad de corregirlo.

....

5 preferido

Al día siguiente, estaba sacando mis libros del lóquer cuando vi a Dolores hablando con Javier en el pasillo. Me acerqué porque no puedo deshacerme de la estúpida idea de que Dolores necesita protección (no la necesita) y de que yo soy su protector (nadie lo es).

—¿Qué es esto?

Javier tenía en las manos un video. Lo estaba mirando y tocando como si fuera una serpiente.

—Es un video del último punto del campeonato que acabas de ganar.

Hubo una pausa marcada en su reacción. La comprensión de las palabras de Dolores lo golpeó como un relámpago. Se alteró visiblemente: el deportista carismático se transformó en animal amenazado. Vi evaporarse mis esperanzas de su inocencia cuando empezó a destruir el video. En los segundos que tardé en ponerme al lado de Dolores, Javier ya tenía más de la mitad de la cinta desenrollada y fuera de la caja de plástico.

—¿Y ahora qué vas a hacer?

No me gustó su aire de amenaza. Caballero al rescate.

—Hombre, cuidado con quien hablas.

—Gracias, Beto, pero no necesito que me defiendas.

Caballero humillado se retira silenciosamente.

—¿Que qué voy a hacer? Voy a darle una copia a tu entrenador. Para que vea cómo ganaste.

—Vas a cometer un error.

—Supongo que no es el primero y no será el último.

Los dos se marcharon dejándome allí en medio del pasillo con el video y el orgullo destruido.

Amor secreto, corazón descontento.

. . . .

Comprensión

Contesta las preguntas de Comprensión en una hoja aparte.

K. ¿A quién vio Beto en el pasillo del colegio? ¿Qué estaban haciendo?

_____

_____

_____

_____

_____

L. ¿Cómo reacciona Javier a las noticias de Dolores? ¿Qué hace con la videocinta?

_____

_____

_____

_____

_____

M. ¿Qué hace Beto? ¿Qué le dice Dolores?

_____

_____

_____

_____

_____

N. Lee la sección que empieza con la palabras "Hubo una pausa..." Escoge las palabras más importantes. Explica tu elección.

_____

_____

_____

_____

_____

Nombre _____ Fecha _____

 ## ¿Qué piensas tú?

1. ¿Crees que Beto tiene razón en cuanto a su actitud hacia el video de Javier or no? Explica.

_____

_____

2. ¿Crees que los sentimientos románticos de Beto hacia Dolores afectan su actitud hacia la

situación con el video? _____

_____

_____

3. ¿Crees que Dolores actuó apropiadamente? ¿Por qué sí o por qué no? _____

_____

_____

Ortografía

Los diptongos

El **diptongo** es la combinación de dos vocales que se pronuncian en una misma sílaba.
Entre las cinco vocales en español, la **a**, la **e** y la **o** se consideran vocales fuertes y la **i** y la **u**
débiles. Los diptongos resultan cuando se combinan dos vocales débiles (*fui, ciu-dad*), una
vocal fuerte con otra débil (*ai-re, oi-go*) o una vocal débil con otra fuerte (*dio-sa, con-ti-guo*).
Hay catorce combinaciones que forman diptongo:

ai, ay:	*baile, hay*	**iu:**	*viuda*
au:	*auto*	**oi, oy:**	*heroico, soy*
ei, ey:	*reina, ley*	**ou:**	*bou*
eu:	*reunir*	**ua:**	*agua*
ia:	*limpia*	**ue:**	*fuego*
ie:	*piel*	**ui, iy:**	*cuidado, muy*
io:	*violento*	**uo:**	*cuota*

A. Pronuncia las palabras siguientes y subraya la forma correcta.

1. cuidado/ciudado   **5.** despeus/después

2. béisbol/biesbol   **6.** aere/aire

3. peil/piel   **7.** antiguo/antigou

4. guerra/geurra   **8.** traiga/triaga

B. Escribe las siguientes oraciones de nuevo. Corrige las palabras mal escritas.

1. ¿Pudieron al fin averigaur la cuasa del incendio?

_____

_____

2. Por favor, no hagan riudo, que el abeulo está durmiendo.

_____

_____

3. No me gustan las cuidades grandes, prefiero los peublos pequeños.

_____

_____

4. Después de que se quedó vuida, la señora se mudó a una neuva casa.

_____

_____

5. Sigue todo derecho y leugo dobla a la izqueirda en la Avenida Diez y Sies de Septiembre.

_____

_____

6. Nosotros tenemos que llegar al colegio a las seite y caurto.

_____

_____

7. La riena de España llega el neuve de noveimbre.

_____

_____

8. Si vas a jugar en la neive, ponte los gauntes.

_____

_____

9. Mis tíos me regalaron una barra de chocolate siuzo para mi cumpleaños.

_____

_____

10. Caundo vayas a Ecaudor, ¿peudes comprarme un sombrero y un suéter, por favor?

_____

_____

UN PASO MÁS

Nombre _____ Fecha _____

◆ Gramática: El presente perfecto del subjuntivo

En los casos que exigen el uso del subjuntivo en las cláusulas subordinadas, se usa el **presente perfecto del subjuntivo** para referirse a acciones ya completas en el momento presente. Nota el contraste entre el presente del subjuntivo y el presente perfecto del subjuntivo.

> *Me alegra que te **guste** la idea.* (presente del subjuntivo)
> *Me alegro que te **haya gustado** la idea.* (presente perfecto del subjuntivo)

A. Completa las siguientes oraciones usando el presente perfecto del subjuntivo del verbo entre paréntesis.

1. Personalmente, yo no creo que el mago se _____ (comunicar) con el público por telepatía.

2. Dudo que ese doctor _____ (escribir) un tratado sobre la depresión.

3. Me alegra mucho que los estudiantes _____ (cumplir) con todos los requisitos.

4. Es imposible que Raúl _____ (obtener) tan buenas notas en álgebra.

5. Ojalá que yo no _____ (perder) el avión por ir muy tarde.

6. Es maravilloso que tú _____ (resolver) tu problema con tus padres.

7. Es increíble que esos estudiantes _____ (escribir) esa obra de teatro tan sofisticada.

8. Me alegra mucho que usted _____ (volver) a visitarnos.

B. Escríbele un correo electrónico a un(a) amigo(a). Menciona lo que ha pasado últimamente y tus reacciones a los acontecimientos recientes. Usa por lo menos ocho verbos en el presente perfecto del indicativo o del subjuntivo.

_____

_____

_____

_____

_____

_____

_____

_____

_____

_____

Nombre _____ Fecha _____

La vida profesional

La publicidad

Muchos productos del cuidado personal como el champú, la pasta de dientes, el jabón o el maquillaje tienen nombres o marcas en español o información escrita en español. Busca en una revista o en la televisión algunos anuncios publicitarios en español para productos de este tipo. Escribe por lo menos seis productos que encontraste.

1. _____

2. _____

3. _____

4. _____

5. _____

6. _____

Proceso creativo

UN PASO MÁS

La vida profesional

 Vamos a escribir

A. Escoge uno de los productos que anotaste en la página 181. Escribe seis atributos positivos de ese producto. Ten en cuenta que vas a escribir un anuncio publicitario para el producto, así que los atributos deben ser atractivos y positivos.

1. _____

_____

2. _____

_____

3. _____

_____

4. _____

_____

5. _____

_____

6. _____

_____

B. Escribe un anuncio publicitario para el producto que escogiste. Quieres venderle este producto a la comunidad hispanohablante. Escribe un lema publicitario y una descripción del producto que atraerá al público que deseas. ¡Sé creativo(a)! Incluye un dibujo o una foto del producto si quieres.

_____

_____

_____

_____

_____

_____

_____

_____

UN PASO MÁS

Enfoque básico

 GeoVisión *Santiago*

Antes de ver

A. Para ti, ¿qué es un "taco"? ¿Crees que para todas las personas un "taco" representa lo mismo que representa para ti?

_____

_____

Después de ver

B. ¿A qué se refiere la palabra "taco" en Santiago?

_____

C. Escribe la letra de la respuesta correcta en los espacios en blanco.

_____**1.** ¿Dónde está Santiago?
    a. Está en el valle central de Chile cerca del río Mapocho.
    b. Está al oeste de la capital chilena cerca del océano Pacífico.
    c. Está en la costa sur del país cerca de San Cristóbal.

_____**2.** ¿Quién fundó Santiago?
    a. Cristóbal Colón
    b. Pedro de Valdivia
    c. Bernardo O'Higgins

_____**3.** ¿Qué es hoy la Estación de Mapocho?
    a. Es una estación de metro.
    b. Es una estación de trenes.
    c. Es un centro cultural.

_____**4.** ¿Dónde está la oficina del presidente chileno?
    a. Está en el Barrio Bellavista.
    b. Está en el Cerro San Cristóbal.
    c. Está en el Palacio de la Moneda.

_____**5.** ¿Qué es la Alameda?
    a. Es la avenida principal de Santiago.
    b. Es un museo del poeta Pablo Neruda.
    c. Es un barrio con casas coloridas.

D. De todos los chilenos famosos que se mencionan en el video, ¿quién te interesa más? En una hoja aparte, escribe un párrafo breve sobre el chileno o la chilena que te gustaría conocer y explica por qué.

8 Vocabulario en acción 1

◆ Más prendas de vestir; diminutivos

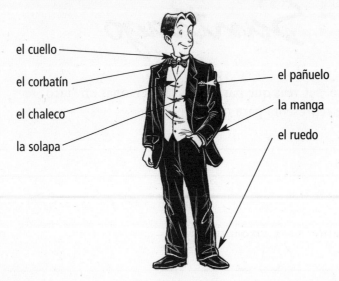

el cuello
el corbatín
el chaleco
la solapa

el pañuelo
la manga
el ruedo

◆ Mira esta otra lista de artículos de ropa. Busca en el diccionario las palabras que desconozcas.

la bata	**la gabardina**	**la ropa interior**
el camisón	**las pantimedias**	**la sudadera**

◆ Los sufijos **-(c)ito(a)**, **-(c)ico(a)**, **-(c)illo(a)** se llaman diminutivos y forman palabras que indican pequeñez en tamaño.

gorrita
corbatica
trajecito
blusilla

◆ El sufijo **-illo(a)** cambia el significado de algunas palabras.

bolso ⟶ **bolsillo**
calzón (de baño) ⟶ **calzoncillo**
manta ⟶ **mantilla**
zapato ⟶ **zapatilla**

1. Empareja cada palabra con la prenda de vestir que va dentro, en, alrededor o encima de ella.

_____ **1.** el bolsillo   **a.** la mantilla

_____ **2.** el cuello   **b.** el pañuelo

_____ **3.** los pies   **c.** la bata

_____ **4.** la cabeza   **d.** el corbatín

_____ **5.** las piernas   **e.** las zapatillas

_____ **6.** el camisón   **f.** las pantimedias

ENFOQUE BÁSICO

2. Completa el párrafo con las palabras del cuadro.

calzoncillos	camisón	corbatín	gabardina	mantilla
pañuelo	ruedo	solapa	sudadera	

Era temprano y no me había vestido. Seguía en (1)_____ y bata. Mi

hermanito andaba en (2) _____, porque mamá le estaba cosiendo el

(3) _____ de sus pantalones. Papá estaba listo para trotar. Como hacía

un poco de frío, se puso una (4) _____. Mi tío Gerardo salía para la oficina.

Parecía un detective porque tenía puesto una (5) _____. La abuela venía

de la iglesia. Ella era muy tradicional y siempre se ponía una (6) _____ de

encajes en la cabeza para ir a misa. El abuelo también se vestía tradicional y elegante-

mente. En vez de ponerse una corbata, siempre usaba (7) _____. En

su bolsillo, siempre tenía un (8) _____ blanco con sus iniciales

FBD. Y en la (9) _____ de su saco, llevaba un clavel.

3. Escribe el diminutivo de las siguientes palabras.

  1. vestido   _____

  2. cinturón   _____

  3. guantes   _____

  4. traje   _____

  5. falda   _____

4. Describe cómo andas vestido(a) hoy. Incluye por lo menos cinco prendas y
di cómo te queda una de ellas.

  _____

  _____

  _____

  _____

  _____

  _____

  _____

  _____

  _____

ENFOQUE BÁSICO

Capítulo 8

Gramática en acción 1

◆ El imperfecto y el pretérito para contar lo ocurrido

- ◆ El imperfecto presenta una acción en progreso: Aquella tarde **caminábamos** por el centro.

- ◆ Con el imperfecto, la acción puede ser interrumpida. La acción que interrumpe siempre va en el pretérito: Caminábamos por el centro cuando **empezó** a llover.

- ◆ Con el imperfecto, la acción también puede desarrollarse mientras otro hecho ocurre. El otro hecho, con principio y fin, se presenta en el pretérito: Llovía mucho y por eso **decidimos** tomar un taxi.

5. Completa las oraciones con las formas verbales correctas.

(1) _____ (Hacía/Hubo) mucho calor cuando (2) _____

(entraba/entré) a la tienda Tuanis. La tienda (3) _____ (tenía/tuvo) aire

acondicionado entonces me (4) _____ (refrescaba/refresqué) rápida-

mente. (5) _____ (Veía /Vi) a Mónica mientras (6) _____

(me probaba/me probé) unas botas. No la (7) _____ (saludaba/saludé)

porque (8) _____ (estaba/estuvo) muy lejos y (9) _____

(había/hubo) mucha gente en la tienda. Al final, yo no (10) _____ (com-

praba/compré) nada porque todo (11) _____ (me quedaba/me quedó)

apretado. Más tarde, cuando (12) _____ (caminaba/caminé) a casa,

(13) _____ (oía/oí) mi nombre. ¡Era Mónica!

6. Escribe un párrafo sobre la última vez que fuiste de compras. Di adónde
fuiste, qué viste, cómo era la tienda y los precios, si compraste algo y por qué.

_____

_____

_____

_____

_____

_____

ENFOQUE BÁSICO

Gramática *en acción*

◆ Perífrasis de intención con el imperfecto y el pretérito

- ◆ Puedes usar las siguientes perífrasis verbales en el imperfecto para indicar la intención de hacer una acción. Se emplea el imperfecto porque son acciones que no se expresan acabadas.

  ir a + infinitivo   **Iba a comprar** una bufanda…

  estar a punto de + infinitivo   **Estábamos a** punto de llamarte…

  estar por + infinitivo   **Estaban por irse…**

- ◆ Para indicar la acción que interrumpió o que ocurrió en lugar de la acción intencionada, se usa el pretérito: **Iba** a comprar una bufanda pero no **vi** ninguna bonita.

- ◆ Para describir las circunstancias, se usa el imperfecto: **Iba** a comprar una bufanda pero la tienda **estaba** cerrada.

7. Completa cada oración, subrayando la formal verbal correcta.

1. Ignacio (estaba/estuvo) a punto de (comprar/compraba) una corbata cuando (se daba/se dio) cuenta de que ya (tenía/tuvo) una.

2. Nosotros no (íbamos/fuimos) a comprar nada pero (había/hubo) una gran venta de liquidación.

3. Yo (estar/estaba) por irme cuando (veía/vi) una falda rebajada a mitad de precio.

4. (Iba/Fui) a comprarla pero (estaba/estuvo) manchada.

5. (Estás/Estabas) a punto de gastar dinero pero (decidías/decidiste) ahorrar.

8. Combina elementos de cada cuadro para escribir cuatro oraciones en el pasado.

Yo	ir a estar por estar a punto de	probarme ropa comprar zapatos pagar en efectivo regatear	pero	decidir comer primero no encontrar nada no tener dinero los precios ser fijos

1. _____

2. _____

3. _____

4. _____

8 Gramática *en acción* 1

◆ Los comparativos y superlativos

- ◆ Se usan las siguientes fórmulas para comparar acciones.

  más/menos + adverbio + **que**   Caminas **más despacio que** una tortuga.

  tan + adverbio + **como**   Regateo **tan bien como** tú.

- ◆ También se puede comparar adverbios usando cláusulas.

  más/menos + adverbio + **de lo que** + cláusula

  Se viste **más elegantemente de lo que** cree.

- ◆ El superlativo es el grado mayor los adjetivos. Se puede formar con el adverbio **más/extremadamente/extraordinariamente** + adjetivo.

  Es **extraordinariamente caro** porque es de muy buena calidad.

  También se puede usar el sufijo **-ísimo(a)**.

  Este traje es **carísimo.**

- ◆ El superlativo destaca un sustantivo por encima de todos en un grupo.

  Es el vestido **más** caro **de** la tienda, diseñado por la **mejor** modista **del** mundo.

- ◆ **¡OJO!** El sufijo -ble y el superlativo -ísimo forman la terminación -bilísimo.

  amabilísimo (y no *amablísimo).

- ◆ Hay adjetivos que tienen significado superlativo y por eso no admiten grados.

  principal
  fundamental
  único
  total
  infinito
  último
  pésimo
  óptimo

- ◆ Dos palabras que indiquen el grado superlativo para un mismo adjetivo nunca deben juntarse. Es incorrecto decir *muy pésimo, *extremadamente amabilísimo, *menos óptimo o *muy rapidísimo.

9. Subraya los 8 superlativos en este párrafo.

> Zonia es la mejor tienda que conozco. Tiene los precios menos caros de la ciudad y también tienen el máximo surtido de ropa. Los diseños son muy originales y los colores son extraordinariamente vivos. Los dependientes son amabilísimos y saben de la moda más reciente. Si van a Zonia, van a quedar contentísimos.

10. Subraya los 5 errores en el párrafo y escribe las formas correctas en el renglón.

El mercado al aire libre es muy colo-
ridísimo. El ambiente es agradablísimo y
la mercancía es extremadamente varia-
dísima. Los productos más únicos se
venden allí. Para conseguir los más
mejores precios, se tiene que regatear.

_____

_____

_____

_____

_____

11. Escribe comparaciones entre tu mejor amigo(a) y tú usando los verbos dados.

1. ir de compras: _____

_____

2. vestirse: _____

_____

3. cantar: _____

_____

4. cocinar: _____

_____

5. dibujar: _____

_____

12. Contesta las preguntas con tus opiniones.

1. ¿Qué tienda de ropa tiene los mejores precios?

_____

2. ¿Qué diseñador diseña ropa más llamativa?

_____

3. ¿Cuál de tus amigos se viste tan bien como un modelo?

_____

4. ¿Qué marca de ropa es enormemente popular?

_____

5. ¿Qué actor está elegantísimo?

_____

6. ¿A qué tienda vas menos frecuentemente que tus padres?

_____

VideoCultura *Comparaciones*

Antes de ver

A. En el cuadro a continuación, pon un ✓ junto a los artículos de ropa que te pondrías en cada ocasión.

	todos los días	una fiesta
pantalones		
camiseta		
zapatos de tenis		
zapatos de taco alto		
vestido		
camisa		
falda		

Después de ver

B. Pon un ✓ junto a las palabras en la siguiente lista que usan los entrevistados para describir la ropa que se ponen para ir a una fiesta.

___ una falda	___ más bonito que lo normal
___ elegante	___ ropa cómoda
___ de moda	___ taco
___ pantalones anchos	___ ropa apretada

C. Escoge la respuesta apropiada.

1. Pon un ✓ junto al artículo que a los entrevistados les gusta ponerse todos los días.
___**a.** pantalones ___**b.** falda ___**c.** blusa ___**d.** zapatos de tenis

2. Pon un ✓ junto a la persona que compra ropa que está de moda.
___**a.** Vanessa ___**b.** Larias ___**c.** Almodena

3. Pon un ✓ junto a la razón que dan las otras dos entrevistadas para comprar la ropa que les gusta.
___**a.** para estar de moda ___**b.** para estar elegante ___**c.** para estar cómoda

D. Escribe dos oraciones que describan lo que tienes puesto hoy y por qué escogiste ese vestuario para las actividades que vas a hacer.

_____

_____

ENFOQUE BÁSICO

Vocabulario en acción 2

Telas y colores

- ◆ Las telas son tejidos con los que se hace ropa. La mayoría de telas se hacen de **algodón, lana** o **seda.** Las telas más comunes son las siguientes:

  la franela tela suave con un poco de pelo por una de sus caras, *flannel*
  el lino fibra sacada de una planta linácea, *linen*
  la mezclilla algodón resistente con que se confeccionan los jeans, *denim*
  la pana tela gruesa con hendiduras verticales, *corduroy*
  el poliéster fibra sintética, *polyester*
  el terciopelo tela de seda velluda que forma pelo de tacto suave, *velvet*

- ◆ Las telas pueden ser **estampadas, de cuadros, de rayas, de lunares** o **de color sólido.**

- ◆ Para describir los colores más específicamente, puedes usar adjetivos.

  rojo **vivo**   amarillo **pálido**
  verde **oscuro**   azul **marino**
  gris **claro**

- ◆ También hay nombres de colores específicos.

  celeste color azul claro
  turquesa color azul verdoso
  ocre color neutro
  plateado color de plata

13. Completa las oraciones con las palabras adecuadas.

1. Mis piyamas de invierno son calientitos y suaves porque son de

   _____ (mezclilla/franela).

2. Las cortinas rojas del palacio son de _____ (poliéster/terciopelo).

3. El color del cielo es _____ (celeste/ocre).

4. La bata elegante de la princesa era de _____ (pana/seda) de China.

5. En los países tropicales, muchos señores usan trajes de _____ (lino/lana).

6. La chica llevaba una falda _____ (de lunares/estampada) con florecitas.

7. A Antonio no le gustan los colores pálidos. Por eso se compró una corbata de un amarillo _____ (claro/oscuro).

ENFOQUE BÁSICO

Nombre _____ Fecha _____

14. Completa el párrafo con las palabras del cuadro.

estampada	mezclilla	pálido	pana
poliéster	terciopelo	vivos	

Fuimos al mercado al aire libre para comprar tela a buen precio. Yo quería confec-

cionarme unos jeans y buscaba tela de (1) _____.

Desafortunadamente, no había así que compré tela de (2) _____ y

me haré unos pantalones <<corduroy>> de color café (3) _____,

casi ocre. Mi prima vio una tela de diseños bonitos pero era de (4) _____ y a

ella no le gusta lo sintético. Por fin encontró tela (5) _____ de algo-

dón. El diseño es de flores de colores (6) _____. Mi hermana

Carla quería coser un vestido de gala para una fiesta de graduación y compró tela de

(7) _____. La tela es suavecita y se ve muy elegante.

15. Di qué artículo de ropa normalmente corresponde a cada descripción.

MODELO   de lino   **Tengo un vestido de lino.**

1. de franela _____

2. azul marino _____

3. de lana _____

4. estampado _____

5. a rayas _____

6. celeste _____

7. verde pálido _____

8. de mezclilla _____

16. Completa la siguiente conversación entre Isabel y Rafael, quienes están en
un mercado al aire libre comprando un regalo.

ISABEL   ¡Mira los tejidos! ¿Cuál prefieres, el de seda o el de (1)_____?

RAFAEL   Francamente, no me gusta ninguno. Prefiero estos sombreros. ¿Te gusta más el

sombrero gris (2)_____ o el gris oscuro?

ISABEL   Me gusta más el gris oscuro. Pero, ¿qué tal si le compramos una bufanda?

RAFAEL   Buena idea. ¿Una (3) _____ o una de color sólido?

ISABEL   Mejor una de color sólido, pero que sea de un color

(4) _____.

Gramática  en acción 2

◆ Por y para

◆ En el habla popular se usan preposiciones diferentes de las del habla oficial.

Popular	Oficial
pastillas **para** el mareo	pastillas **contra** el mareo
afición **por** la música	afición **a** la música
un traje para estar **por** casa	un traje para estar **en** casa
ansioso **de** verte	ansioso **por** verte
de a buenas	**por** las buenas
a lo que veo	**por** lo que veo
vino **de** casualidad	**por** casualidad

17. Subraya la preposición que corresponde al uso oficial.

1. Compré esta bata para estar (en/por) la casa.

2. Los aficionados (a/por) la pesca van mucho a la costa pacífica.

3. El niño malcriado no quiso ir a la cama (de a/por las) buenas.

4. Vimos (de/por) casualidad a Paco en el mercado al aire libre.

5. El viaje fue (con/por) motivo de visitar a los parientes lejanos.

6. El farmacéutico me recomendó una medicina (para/contra) la acidez.

7. (A/Por) lo que vemos, más gente compra cerámicas de barro que porcelana fina.

18. Completa las oraciones con **por** o **para.**

1. Te doy esta hamaca _____ siempre.

2. Lo hicimos _____ divertirnos.

3. Muchas gracias _____ el lindo adorno.

4. Alicia se va _____ la Argentina _____ siempre.

5. Intercambié el collar _____ unos aretes.

ENFOQUE BÁSICO

Nombre _____ Fecha _____

8 Gramática *en acción* 2

◆ Adjetivos demostrativos y adverbios de lugar

◆ Los adjetivos demostrativos indican la distancia del sustantivo en relación con las personas que participan en la conversación.

◆ **¡OJO!** Los adjetivos demostrativos no llevan acento escrito.

◆ Los sustantivos femeninos que comienzan por a- tónica y por lo tanto van acompañados por artículos masculinos (el águila, un aula), se usan con adjetivos demostrativos en femenino: **aquella águila, esa aula.**

◆ Existe una correlación entre los adjetivos demostrativos y los adverbios de lugar **aquí, acá, ahí, allí y allá. Aquí/acá** equivale a "en este lugar" (cerca del que habla); **ahí** equivale a "en ese lugar" (cerca del que escucha); **allí/allá** equivale a "en aquel lugar" (lejos del que habla y del que escucha). La diferencia entre aquí y **acá,** y **allí** y **allá,** es que **acá** y **allá** suelen expresar lugares menos definidos. Por eso podemos decir **tan allá** o **más acá** pero nunca *tan allí o *más aquí.

	Próximo a quien habla		Próximo a quien escucha		Lejos de ambos	
Adjetivos demostrativos	este esta	estos estas	ese esa	esos esas	aquel aquella	aquellos aquellas
Adverbios de lugar	aquí	acá	ahí		allí	allá

19. Marca una X al lado de las oraciones que indican algo que está lejos tanto del hablante como del oyente.

_____ **1.** ¿Viste cestas de paja en ese puesto?

_____ **2.** Por allá no hay tiendas de zapatos.

_____ **3.** ¿No son aquellos señores tus tíos?

_____ **4.** Me gusta mucho ir de compras allí.

_____ **5.** Estas hamacas están hechas a mano.

_____ **6.** Carlos anda por ahí, comprando y regateando.

20. Completa cada oración con un adjetivo demostrativo o con un adverbio de lugar.

1. ¿Te acuerdas de _____ tienda en el pueblito donde vacacionamos?

2. Queda más _____ que Arica.

3. Allí compré _____ collar de plata que ando puesto.

4. Ven _____ y te lo enseño.

5. ¿Dónde compraste _____ cadena de oro que llevas?

6. Allá había un mejor surtido que _____.

Gramática en acción 2

◆ Adjetivos sustantivados y pronombres demostrativos

◆ Para formar un sustantivo de un adjetivo, simplemente se antepone un artículo a la frase adjetival: **la de seda.** El artículo y el adjetivo concuerdan en número y género con el sustantivo a que se refiere.

¿Te gustan las gorras azules o **las rojas?**

◆ Los pronombres demostrativos reemplazan los sustantivos precedidos por adjetivos demostrativos.

¿Te gusta **este sombrero?** ⟶ ¿Te gusta **éste?**

Los pronombres concuerdan en género y número con el sustantivo que reemplazan y siempre llevan acento escrito.

¿Cuáles cestas? **¿Éstas** o a**quéllas?**

◆ Hay tres pronombres demostrativos neutros: **esto, eso, aquello.** Estos pronombres no llevan acento escrito y se refieren a abstracciones o a sustantivos generales.

¿Qué es **esto?** Ya te dije **eso. Aquello** es imposible.

21. Marca una X al lado de las oraciones que contengan pronombres demostrativos.

_____ **1.** Muéstrame aquéllas de allá.

_____ **2.** Estas blusas de seda son caras.

_____ **3.** No comprendo eso.

_____ **4.** Esos de algodón están muy de moda.

_____ **5.** Pienso que aquello no tiene perdón.

_____ **6.** Esa corbata hace juego con esta camisa.

_____ **7.** Los pantalones eran estrechos en aquel entonces.

22. Completa las oraciones con los artículos **el, la, los** o **las.**

1. Los adornos de madera son más caros que _____ de barro.

2. Me gustan más las joyas de plata que _____ de oro.

3. La hamaca roja es más bonita que _____ negra.

4. ¿Sirvo la limonada en los vasos de vidrio o en _____ de plástico?

5. Quita el mantel de encaje y pon _____ de cuadritos.

6. Le puedo rebajar los artículos de cuero pero no _____ hechos a mano.

7. La cerámica chilena es parecida a _____ peruana.

ENFOQUE BÁSICO

Nombre _____ Fecha _____

23. Compara y contrasta los dibujos "antes" y "después" de la tienda de ropa
Orlanda. Usa las palabras dadas y pronombres demostrativos.

MODELO   caja   <u>**Esta caja es moderna. Aquélla es antigua.**</u>

ANTES   DESPUÉS

1. precios _____

_____

2. dependientes _____

_____

3. faldas _____

_____

4. pantalones _____

_____

24. Completa las comparaciones con tus opiniones. Usa adjetivos sustantivados
en la segunda mitad de la comparación.

MODELO   <u>**La ropa de lana**</u> es más caliente que <u>**la de lino**</u>.

1. _____ son menos caros(as) que

_____.

2. _____ son tan bonitos(as) como

_____.

3. _____ están más a la moda que

_____.

4. _____ son más cómodos(as) que

_____.

¡Leamos! El Centro Cultural Estación Mapocho

En 1905 se inició la construcción de una estación de ferrocarril para celebrar el Centenario de la Independencia de Chile. Después de su inauguración en 1913, los chilenos podían ir a Iquique, Valparaíso y la ciudad de Mendoza en Argentina.

El arquitecto chileno Emilio Jecquier, quien fuera influenciado por el arquitecto francés Gustavo Eiffel, diseñó la Estación Mapocho, cuyo elemento principal es el acero.

En 1976 la estación fue declarada Monumento Nacional y años después, se cerró temporalmente para remodelarla. En 1987, la estación dejó de funcionar indefinidamente hasta que el gobierno decidió prestarle atención. La estación fue remodelada entre 1991 y 1994 usando materiales típicamente chilenos como el cobre y el pino oregón. Esta remodelación costó aproximadamente 10 millones de dólares y se realizó en cuatro etapas.

Hoy día el Centro Cultural Estación Mapocho le ofrece al público una multitud de diferentes eventos culturales como conciertos, ferias y exposiciones.

Comprensión

Según la lectura, indica si las siguientes oraciones son **ciertas** o **falsas**.

_____ 1. El arquitecto francés Gustavo Eiffel diseñó la estación de ferrocarriles.

_____ 2. La Estación Mapocho fue construida mayormente de acero.

_____ 3. En 1967 la estación fue declarada Monumento Nacional.

_____ 4. Hoy día, la Estación Mapocho es un centro cultural donde toman lugar eventos culturales como conciertos, ferias y exposiciones.

En tu opinión

1. ¿Qué criterio se deben usar para determinar si una estructura arquitectónica, como la Estación Mapocho, debe ser un Monumento Nacional?

_____

2. Cuando se remodeló la Estación Mapocho entre 1991 y 1994, ¿por qué crees que los arquitectos decidieron usar materiales típicamente chilenos?

_____

3. En tu ciudad, ¿qué edificio piensas tú que se debe conservar a toda costa? ¿Crees que ese edificio debe ser declarado Monumento Nacional?

_____

Capítulo 8 **197**

ENFOQUE BÁSICO

Nombre _____ Fecha _____

¡Escribamos!

> **Estrategia para escribir** El comparar y el contrastar requiere mucha atención a los detalles. Fíjate en las similitudes y las diferencias en calidad, cantidad y valor de las cosas descritas. Tales detalles le ayudan al lector a visualizar o entender las cosas o ideas en tu escritura con más claridad.

¿Qué le regalamos al abuelo?

Imagina que tú y tu mamá iban a comprar un regalo para tu abuelo porque va a ser su cumpleaños. Después de ir a varias tiendas en el centro comercial, no pudieron decidir qué regalarle. Compara y contrasta cuatro cosas que le podría gustar a tu abuelo. Incluye por lo menos tres similitudes o diferencias para cada artículo o prenda de vestir. Luego cuenta qué regalo decidieron comprar y explica por qué.

1 Antes de escribir

En un cuadro, escribe los cuatro artículos o prendas de vestir que tú y tu mamá pensaron en comprarle a tu abuelo. Luego escribe por lo menos tres similitudes o diferencias en calidad, cantidad y valor de cada cosa. También piensa en otros detalles como el color, la talla, el estilo, si es algo que necesita tu abuelo o si es algo que le gustaría.

Posibles regalos para mi abuelo			
una corbata de seda	un cinturón de cuero	una hamaca	una figura tallada
1. color azul			
2. estilo formal			
3. estaba en oferta			
4. mi abuelo usa su traje de vez en cuando			

2 Escribir un borrador

Primero cuenta que tú y tu mamá fueron a varias tiendas del centro comercial porque buscaban un regalo para tu abuelo. Pensaron en cuatro posibles regalos. Di cuáles artículos o prendas de vestir escogieron y explica las similitudes y las diferencias entre ellos. Finalmente, explica qué compraron y por qué. Usa el pretérito y el imperfecto para narrar y describir en el pasado. Y también usa adjetivos comparativos y superlativos para contrastar las diferentes cosas.

3 Revisar

Lee tu narrativa por lo menos dos veces. Revisa la ortografía, la puntuación y la gramática. Asegúrate que las comparaciones y los contrastes entre los posibles regalos se puedan entender claramente.

Nombre _____ Fecha _____

8 Un paso más

Antes de leer

Estrategia

El orden cronológico. La mayoría de los textos cuentan la historia de los protagonistas en orden cronológico. Es decir, en el orden temporal en que ocurren los acontecimientos. De esta manera, el desarrollo del cuento imita la vida: primero pasa una cosa, luego otra, luego otra. Al leer un cuento, es importante notar el orden cronológico de los sucesos.

En orden. Pon las siguientes oraciones en el orden cronológico que supones es el más lógico.

1. _____ Javier le explica su situación a Cindy.

2. _____ Javier llama a Cindy para hacer una cita.

3. _____ Dolores y Cindy se pelean.

4. _____ Javier le pide un favor a Cindy.

5. _____ Cindy se enamora de Javier Pérez Portas.

6. _____ Cindy se encuentra con Javier en el centro comercial.

7. _____ Cindy va a la casa de Dolores para hablar con ella.

8. _____ Javier parece estar deprimido.

◆ Vocabulario

Palabras compuestas. Una **palabra compuesta** es una palabra que se forma de dos o más palabras. Ya sabes muchas palabras compuestas en español como **cumpleaños, sinvergüenza** y **aguafiestas.** Explica qué quieren decir las siguientes palabras compuestas. ¿Por qué crees que quieren decir eso?

1. un rompecorazones _____

_____

2. un rompecabezas _____

_____

3. el hazmerreír _____

_____

4. un santiamén _____

_____

A. ¿Quién es la narradora del cuento?

_____

_____

_____

B. ¿De quién está enamorada Cindy?

_____

_____

_____

_____

C. ¿Quién llama a Cindy? ¿Qué quiere?

_____

_____

_____

_____

D. ¿Dónde se citan?

_____

_____

_____

_____

E. ¿De qué humor está Javier cuando lo encuentra Cindy?

_____

_____

_____

_____

Rompecorazones

¿Sabes como pasas años deseando que un chico en particular te salude, se fije en ti, te llame, te pida la hora, lo que sea, no más que se dé cuenta de tu existencia? Para mí ese chico es y siempre ha sido Javier Pérez Portas, capitán del equipo de tenis y rompecorazones en general.

No es que no haya salido con otros, porque sí lo he hecho, hasta he tenido una u otra relación semiseria. Desde muy temprano supe que esperar a Javier sería no sólo ridículo sino también un gran desperdicio de mi juventud y de los años superdivertidos de la escuela secundaria. La verdad es que tengo un sentido muy práctico cuando se trata de los asuntos del corazón.

Sin embargo, con el tiempo había construido un sitio especial en mis cariños para el mentado Javier. Pasaba meses sin verlo ni nada hasta que lo veía en la cafetería o en el pasillo y reconocía por la aceleración de mi pulso que mis sentimientos no habían cambiado.

Imagínate el estallido[1] de emociones en mi cabeza cuando contesté el teléfono y era él. ÉL. Quería verme. Necesitaba hablar conmigo. Con-MI-go. Nos citamos más tarde en el centro comercial cerca de mi casa. El ángel de los deseos por fin me había escuchado y no había nada ni nadie que me quitara ese momento de pura alegría.

Cuando llegué, Javier ya estaba sentado en una mesa de la heladería. Se levantó a saludarme y estoy más que segura que se enrojeció mi mejilla cuando la besó. Traté de aparentar[2] una calma que no sentía.

—Javier.

—Cindy.

Inmediatamente noté por su tono de voz que estaba deprimido.

—Javier, ¿qué te pasa?

—Eres buena amiga de Dolores Montemayor, ¿verdad?

—Sí, claro, todo el mundo sabe que desde niñas hemos sido de las mejores amigas.

....

1 explosión **2** simular, fingir

Esto lo incomodó.

—¿Por qué preguntas?

—¿Has hablado de mí con ella?

¿Cómo contestar? Había hablado de él con ella un sinnúmero de veces. ¿Cuántas veces no habíamos examinado la posibilidad de que algún día, mágicamente, él se enamoraría de mí? Notó mi vacilación[3] y añadió:

—¿Recientemente? ¿Has hablado con ella de mí recientemente?

Esta vez no vacilé. La verdad era que Dolores ahora me prohibía hablar de algo que no tenía solución y que sólo me inquietaba. Era su modo de protegerme. No quería que me hiciera daño con sentimientos autodestructivos.

—No, últimamente, no.

Vi pasar por su cuerpo un suspiro de alivio, pero aún tenía la incómoda sospecha de que se iba a echar a llorar.

—Mira, tengo un problema, un problema gordo, y tú eres la única que me puede ayudar.

No tenía que decir más. Estaba lista para atacar cualquier cosa o persona que lo impidiera. Con los ojos le imploré que siguiera.

—En un momento de pánico hice algo estúpido, algo de lo cual no estoy nada orgulloso. Pero es algo que no puedo cambiar y si se entera todo el mundo, me puede perjudicar[4] para siempre.

¿A qué se estaba refiriendo? ¿Cómo lo iba a poder ayudar YO?

—Mira, no soy chapucero[5]. Jamás en mi vida he hecho nada semejante. Pero es que estaba tan nervioso y quería ganar tanto, para mis padres, para el colegio…

Aquí dejó de hablar y trató de luchar contra las lágrimas que se formaban en sus pestañas.

—Javier, tranquilo, no sé de qué hablas.

Puse mi mano sobre la suya y él me agarró la otra con una fuerza que francamente me asustó.

—Antes de darme cuenta, ya había gritado "Fuera" y aunque vi que la pelota no había caído fuera, ya era demasiado tarde y muy vergonzoso cambiar de decisión. Te lo juro, Cindy, fue un error sincero.

F. ¿Qué quiere saber Javier?

_____

_____

_____

_____

G. ¿Cuál es el problema que tiene Javier?

_____

_____

_____

_____

_____

H. ¿Sabe Cindy a qué se refiere Javier?

_____

_____

_____

_____

_____

. . . .

3 indecisión **4** dañar **5** tramposo

I. ¿Qué quiere Javier que haga Cindy para ayudarlo?

_____

_____

_____

_____

_____

J. ¿Piensa Cindy que ella puede ayudarlo?

_____

_____

_____

_____

_____

K. ¿Adónde la invita Javier? ¿Acepta?

_____

_____

_____

_____

_____

L. ¿Adónde va Cindy después de despedirse de Javier?

_____

_____

_____

_____

_____

—Te creo, Javier, pero ¿qué tiene que ver todo esto conmigo?

—Dolores lo tiene grabado.

La cámara. El concurso del Web. Las llamadas no devueltas… Las piezas del rompecabezas se iban organizando. Por eso no la había visto los tres últimos días. ¡No quería hablar de esto conmigo!

—¿Me puedes ayudar?

—¿Qué quieres que haga?

—Pídele que no le dé el video a mi entrenador.

—¿Es lo que te dijo que iba a hacer?

—Sí.

—No sé, Javier. ¿Para qué te prometo? Es casi imposible hacer que Dolores cambie de opinión.

Bajó la cabeza, vencido. Sentí como que alguien me había dado un golpe en el estómago.

—Pero de todos modos lo intentaré.

Me miró con una cara repleta de gratitud. Qué horrible ver a tu héroe herido. Recogí mi bolsa de la mesa y me levanté para irme.

—Cindy, mira, si quieres ir al baile del sábado, me encantaría…

—No me debes nada, Javier. Pero gracias de todos modos. Nos vemos, ¿eh?

Llegué a la casa de Dolores desde el centro comercial en un santiamén[6].

—¡Unidad femenina avanzando!

—¿Dónde está tu hermana?

—En su cuarto. No ha salido en todo el fin de semana.

Entré a su cuarto sin tocar. Abrí y cerré la puerta con fuerza. Echó su revista a un lado y me miró perpleja.

—¿Cómo me pudiste haber hecho eso?

—¿A ti? ¿Qué te hice a ti?

—¿Por qué no me lo dijiste?

—Espera un momento, tranquila.

. . . .

6 instante

—¿Por qué no me dijiste que tenías ese video de Javier?

—Mírate. Precisamente porque sabía cómo ibas a reaccionar.

—Dolores. Javier está deshecho. No puede dormir. No puede jugar tenis. No come.

—No seas tan ingenua.

—Me pidió que hablara contigo. No quiere que le enseñes el video a su entrenador.

—Claro que no lo quiere. En su lugar, ¿quién lo querría?

—No es un chico malo, Dolores. Tomó una mala decisión en un momento de nervios. ¿Por qué no lo puedes dejar así?

—No es problema mío. Él sabe lo que tiene que hacer.

Aunque sin duda alguna es mi más íntima amiga en todo el santo mundo, a veces me vuelve loca. Es como que cuando estaban armando a Dolores, se les olvidó instalar el cable que conecta el intelecto al corazón.

—¿No se te ocurre que tu rompecorazones tenista te escogió a ti para que lo representaras en esta situación precisamente porque sabe que le tienes un gran afecto y que somos tan amigas?

—Eso no tiene nada que ver, Dolores. Le vas a arruinar la vida, y ¿para qué?

—En nombre de la verdad.

—¿En nombre de la VERDAD? Eso sí que está bueno, Dolores. Si quieres hablar de la verdad, ¿por qué no hablamos de tu anillo?

Eso la calló. Dolores reconoce cuando no tiene jugada.

—Además, es igual de fácil para mí hablar con tu mamá que para ti darle ese video al entrenador. Yo te puedo poner en la misma situación en que quieres poner a Javier.

—No me amenaces, Cindy. Por favor. En nombre de nuestra amistad.

—No son amenazas, Dolores. Son verdades, tú que estás tan enamorada de la verdad.

Di la vuelta para salir. El silencio nos tragaba.

—Y si quieres saber otra verdad, Dolores, tú eres la que me ha roto el corazón, no Javier. Él por lo menos tiene corazón.

M. ¿Cómo defiende Cindy las acciones de Javier?

_____

_____

_____

_____

_____

N. ¿Cómo responde Dolores?

_____

_____

_____

_____

_____

O. ¿Con qué situación compara Cindy la situación de Javier?

_____

_____

_____

_____

_____

P. Ahora vuelve a tu orden cronológico de la p. 199 y confirma si adivinaste correctamente.

_____

_____

_____

_____

_____

Nombre _____ Fecha _____

◆ ¿Qué piensas tú?

1. Según Cindy, ¿lo que hizo Javier fue malo? ¿Tiene razón? ¿Por qué sí o por qué no? _____

_____

_____

2. ¿Crees que los sentimientos románticos de Cindy hacia Javier afectan su percepción de la

situación? Explica. _____

_____

_____

3. ¿Tiene razón Cindy cuando insinúa que la mentira de Dolores sobre el anillo es igual que

la mentira de Javier sobre el partido? Explica. _____

_____

_____

◆ Ortografía

Los hiatos

◆ El **hiato** es lo contrario de un diptongo. El hiato es la pronunciación de dos vocales contiguas en dos sílabas distintas: *ma-es-tro, ba-lan-ce-o, son-rí-e, con-ti-nú-a.* Los hiatos resultan cuando hay dos vocales fuertes contiguas (*tra-er, pe-or, le-er*), una vocal fuerte y una vocal débil tónica (*ra-íz, o-í-do, ba-úl*) o una vocal débil tónica y una vocal fuerte (*pú-a, a-le-grí-a*).

◆ Las palabras que tienen vocales en hiato siguen las reglas generales de acentuación: *le-ón, po-e-ma, ca-ó-ti-co.* Si un hiato se forma con una vocal débil tónica (**i** o **u**), ésta siempre lleva acento escrito: *cre-ís-te, ca-í-da, ac-tú-o.*

A. Pronuncia las siguientes palabras y luego escríbelas, dividiéndolas en sílabas. Identifica el diptongo o el hiato en cada palabra.

1. puerta _____

2. ataúd _____

3. agua _____

4. baúl _____

5. calendario _____

6. causa _____

7. cuaderno _____

8. María _____

9. peine _____

10. feria _____

UN PASO MÁS

Nombre _____ Fecha _____

B. En cada una de las siguientes oraciones hay por lo menos una palabra mal escrita. Corrígela(s).

1. Rafael siempre ha sido un amigo muy lial. _____

2. Escribí un puema sobre la nieve para la clase de literatura. _____

3. Cecilia dijo que vio liones en su viaje a África. _____

4. La Familia Rial de Suecia asistirá a los campionatos en Puerto Rico. _____

5. Ahurita Eduardo va a recoger a Joaquín al airopuerto. _____

6. El maistro de biología nunca nos da taria. _____

7. No se puede crer a Juan, que siempre está bromiando. _____

8. Catalina dice que va a cordinar la reunión. _____

9. Mis tíos train sus propias almuhadas cuando pasan la noche con nosotros. _____

10. Mi hermana está pior de la garganta porque no tomó la medicina. _____

Gramática: Los mandatos informales

- El modo imperativo se usa para dar mandatos. Usa los **mandatos informales** con las personas que tuteas.
- El mandato informal afirmativo se forma con la forma **tú** del presente del indicativo menos la **–s**.

> *Tú comes.* → *¡Come!*

- Si se necesita un pronombre de complemento directo o indirecto, éste se coloca detrás del verbo. Si es necesario para mantener la pronunciación correcta, se le pone un acento ortográfico.

> **Estudias la lección.** → *¡Estúdiala!*   **Me oyes.** → *¡Óyeme!*

- Los siguientes verbos tienen formas irregulares en los mandatos informales afirmativos.

decir	→	**di**	hacer	→	**haz**
ir	→	**ve**	poner	→	**pon**
salir	→	**sal**	tener	→	**ten**
ser	→	**sé**	venir	→	**ven**

- Para formar un mandato informal negativo, usa la forma **yo** del presente del indicativo menos la **-o**. Añádele la terminación **-es** a los verbos de **-ar** y la terminación **-as** a los verbos de **-er/-ir**. Los pronombres de complemento directo o indirecto se colocan delante de los verbos en los mandatos informales negativos.

> **Escucho la radio.** → *¡No la escuches!*
> **Pongo la mesa.** → *¡No la pongas!*

- Para mantener la pronunciación correcta, en algunos verbos de **-ar** ocurren los siguientes cambios ortográficos cuando se usan en un mandato informal negativo.

> **Pago.** → *¡No pagues!*
> **Practico.** → *¡No practiques!*
> **Empiezo.** → *¡No empieces!*

A. Dile a tu compañero(a) de clase que haga o no haga las siguientes actividades. Usa la forma informal del imperativo y el pronombre apropiado
cuando sea necesario.

1. tomar apuntes _____

   _____

2. no llegar tarde _____

   _____

3. hacer preguntas _____

   _____

4. no escribir a tus amigos _____

   _____

5. ser un buen estudiante _____

   _____

B. Estás cuidando a tu hermano menor. Dile cuatro actividades que puede
hacer y cuatro que no puede: *tocar el piano, cerrar las ventanas, comer todos
los pasteles, ir al parque con los amigos, ponerse su camiseta nueva, darle de
comer al perro, dormir en el sofá, jugar al fútbol.*

Sí

1. _____

   _____

2. _____

   _____

3. _____

   _____

4. _____

   _____

No

5. _____

   _____

6. _____

   _____

7. _____

   _____

8. _____

   _____

UN PASO MÁS

La vida profesional

La experiencia culinaria

¿Te gusta cocinar? ¿Te gustaría trabajar en un hotel, un crucero o un restaurante?

Primero, haz una lista de las comidas que más te gustan.

1. comida tejana-mexicana
2. _____
3. _____
4. _____
5. _____
6. _____
7. _____
8. _____

Escuela culinaria en Austin, Texas

La vida profesional

◆ Vamos a escribir

A. Escoge un cocinero, gerente o dueño de un restaurante en tu comunidad y haz una lista de preguntas que te gustaría hacerle. Vas a entrevistarlo(la) para saber más sobre el uso del español en su trabajo. Primero, completa el cuestionario que sigue.

1. ¿Qué clase de comida prepara (o se prepara en su restaurante)? _____

_____

2. ¿En qué escuela culinaria estudió (o estudió su cocinero)? _____

_____

3. _____

_____

4. _____

_____

5. _____

_____

6. _____

_____

7. _____

_____

8. _____

_____

B. Ahora, haz una cita con la persona que identificaste en la Actividad A. Ve a entrevistarlo(la) y hazle las preguntas de tu cuestionario. Luego, escribe un párrafo breve sobre tu entrevista y lo que aprendiste. ¿Cómo le ayuda el español en el trabajo?

_____

_____

_____

_____

_____

Enfoque básico

Capítulo 9

 GeoVisión *El Paso*

Antes de ver

A. Lee los siguientes comentarios y pon un ✓ junto a los que crees que se refieren a El Paso.

_____**1.** Fue fundado por Ponce de León.

_____**2.** Se encuentra en el punto más oeste del estado.

_____**3.** La Ciudad de Juárez está cerca.

_____**4.** Tiene un puerto muy grande.

_____**5.** Fue construida alrededor de las montañas Franklin.

_____**6.** El Jardín Botánico tiene muchas variedades de plantas tropicales.

Después de ver

B. Vuelve a la Actividad A y haz las correcciones necesarias.

C. Identifica los siguientes nombres. Junto a cada uno, escribe la letra de la descripción correcta.

_____**1.** Don Juan de Oñate   **a.** Separa a El Paso de la Ciudad Juárez.

_____**2.** Río Bravo del Norte   **b.** Fue fundada en 1682 por los indígenas.

_____**3.** Bután   **c.** Dos tercios de sus estudiantes son méxico-americanos.

_____**4.** Fort Bliss   **d.** En 1598, llamó la región El Paso del Norte.

_____**5.** Misión Ysleta   **e.** Desde estas montañas, se puede ver la ciudad.

_____**6.** Union Depot   **f.** Ahí se encuentra una escuela militar alemana.

_____**7.** Franklin   **g.** Este distrito está en el centro de la ciudad.

_____**8.** UTEP   **h.** El estilo de la arquitectura de UTEP es de este país.

D. Escribe un párrafo breve que describa El Paso, Texas.

_____

_____

_____

_____

ENFOQUE BÁSICO

Nombre _____ Fecha _____

Vocabulario
en acción 1

Más vocabulario relacionado con la naturaleza

◆ **Glosario meteorológico**

bruma polvo suspendido en la atmósfera que da al aire un aspecto opaco, *haze*

chubasco lluvia fuerte y de corta vida, *downpour*

inundación acumulación de agua que cubre un terreno, *flood*

torrencial gran cantidad de agua precipitada, *torrent*

sequía falta de precipitación durante mucho tiempo, *drought*

sismo sacudida de la tierra, *earthquake*

templado no excesivamente caluroso ni frío, *mild*

◆ **Árboles**

el álamo	la palmera	el pino	el roble

◆ **Animales del desierto**

el alacrán escorpión   **el correcaminos** pájaro

el halcón ave rapaz   **la liebre** parecido al conejo

el murciélago mamífero nocturno que vuela   **el venado** ciervo

la musaraña parecido al ratón pero con el hocico más largo

1. Identifica estos animales.

1. _____   2. _____

3. _____   4. _____

Nombre _____ Fecha _____

2. Completa las oraciones con las palabras del cuadro.

| alacranes | álamos | bruma | correcaminos | inundaciones | liebre |
| murciélagos | palmeras | pino | sequía | torrencial | |

1. En la playa, nos gustaba amarrar la hamaca entre dos _____.

2. De niños, nos gustaba ver el programa de dibujos animados del coyote persiguiendo al

   _____.

3. Como durante la _____ no había mucha agua, estaba prohibido
   regar el jardín todos los días.

4. Los _____ son venenosos. Ten cuidado que no te pique uno.

5. Cada Navidad, vamos a las montañas y cortamos un _____ para
   luego decorarlo.

6. De noche, se pueden ver _____ volando por el cielo.

7. La lluvia _____ produjo desbordamientos e _____.

8. La calle Alameda tiene mucha sombra porque hay muchos _____.

9. En el cuento, la tortuga gana la carrera porque la _____ toma
   una siesta.

10. Los pescadores no podían ver la orilla por la _____.

3. Contesta las preguntas.

1. ¿Hay huracanes, sismos o tornados donde vives? Explica.

   _____

   _____

2. ¿Es un clima templado donde vives? Explica.

   _____

   _____

3. ¿Qué animales salvajes viven cerca de tu comunidad? Nombra tres.

   _____

   _____

4. ¿Hay más pinos o robles donde vives? ¿Qué otro árbol es común?

   _____

   _____

ENFOQUE BÁSICO

Nombre _____ Fecha _____

Comparación de cantidades

◆ Las comparaciones entre cantidades pueden ser de superioridad, inferioridad o igualdad. Para comparar dos verbos, se usa la construcción: **verbo + más que/menos que/tanto como.**

En El Paso **llueve menos que** en Houston.

El correcaminos no **vuela tanto como** otros pájaros.

◆ Para comparar sustantivos, se usa la construcción: **más/menos + sustantivo que** o **tanto(a)(s) + sustantivo + como.**

Vimos **más cactus que** árboles. Aquí no hay **tanta nieve como** en la sierra.

◆ ¡OJO! **Tanto** concuerda en número y género con el sustantivo al que modifica.

Este año hubo **tantos tornados** como huracanes.

◆ La construcción comparativa **tanto(a)(s)… como** no debe confundirse con las consecutivas **tanto… que y tanto que.** Las consecutivas expresan el resultado o efecto de lo dicho anteriormente.

Llueve **tanto que** me mojo. Sentía **tanto** frío **que** empecé a temblar.

La construcción consecutiva es tanto… que y la comparativa es tanto…como.

4 . Completa las oraciones con las palabras correctas.

1. Había tanta niebla _____ (que/como) en Inglaterra.

2. Hoy hace más calor _____ (que/como) ayer.

3. Ramón da _____ (tanto/tantas) caminatas como tú.

4. Daniela no hace escalada deportiva _____ (tanto/tanta) como nosotros.

5. El águila pesa _____ (más/tanto) que el búho.

6. Vimos tantos lagartos _____ (que/como) serpientes.

5. Compara las cantidades de lo siguiente usando construcciones comparativas.

1. terremotos/inundaciones_____

_____

2. lobos/coyotes _____

_____

3. sequía ahora/antes _____

_____

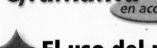

El uso del pretérito e imperfecto para empezar un cuento

◆ El uso del pretérito y el imperfecto ayuda a contrastar la descripción y el incidente. El pretérito se usa para narrar las acciones que van ocurriendo y el imperfecto se usa para describir los escenarios. Así, el cuentista construye las circunstancias que rodean las acciones con el imperfecto y después narra la secuencia de los eventos con el pretérito.

◆ Frases útiles para empezar un cuento:

Al principio…	**Hace varios años vivía…**
Había una vez…	**En un lugar muy lejano…**
Al comienzo…	**Vivía por aquel entonces…**
Érase una vez…	**Desde que yo recuerdo…**

◆ Frases para utilizar en el conflicto:

De repente…	**Inesperadamente…**
De pronto…	**Enseguida…**
Bruscamente…	**Un día…**

6. Completa las oraciones con las palabras más adecuadas para narrar el cuento.

(1) _____ (Había/Hubo) una vez una casita de madera en el bosque donde

todo el mundo (2) _____ (decía/dijo) que (3) _____

(vivía/vivió) una bruja muy mala. (4) _____ (Al principio/Un día), un niño

se acercó a la casita. Con mucha curiosidad, (5) _____ (se asomaba/se

asomó) por una ventana. (6) _____ (De pronto/Érase una vez) se le acercó

una viejecita. Su cara (7) _____ (era/fue) muy arrugada y no

(8) _____ (tenía/tuvo) dientes.

7. Usa tu imaginación para completar este cuento.

(1) _____ una niñita que vivía en un pueblo.

El pueblo era tan pequeño que (2) _____.

La niña soñaba con (3) _____.

(4) _____, su papá le regaló un caballito.

Cuando lo vio, la niña (5) _____.

(6) _____, se cansó del caballito y lo

puso en un armario. El caballito (7) _____.

ENFOQUE BÁSICO

Nombre _____ Fecha _____

9

Gramática *en acción* 1

◆ El uso del pretérito y el imperfecto para continuar y finalizar un cuento

◆ En las narraciones, el imperfecto se usa para describir cómo eran los personajes, las situaciones y las circunstancias. El pretérito se usa para decir lo que ocurrió y cómo cambiaron los eventos.

◆ Frases útiles para continuar un cuento:

Fue cuando…	Entonces…
Luego…	Después…
Mientras tanto…	Como resultado de…
Por consiguiente…	No obstante…

◆ Frases útiles para finalizar un cuento:

Finalmente…	Por fin…
Al final…	Así fue como…
Por último…	Y así concluyó…
A partir de ese día…	Vivieron felices para siempre…

8. Primero, lee las siguientes oraciones de una leyenda centroamericana. Luego, enumera las oraciones en orden lógico.

_____ **a.** Por consiguiente, la princesa y el guerrero huyeron juntos a través de la selva.

_____ **b.** Al final, Turi Uha se transformó en mariposa y alzó vuelo para estar con el alma de su amado.

_____ **c.** Érase una vez una princesa térraba llamada Turi Uha.

_____ **d.** La princesa también lo amaba, pero sus tribus eran enemigas.

_____ **e.** Un día, un guerrero llegó a la tribu térraba para buscar a Turi Uha, a quien amaba.

_____ **f.** Entonces el padre de Turi Uha marchó en busca de los fugitivos y mató al guerrero.

9. Completa la siguiente versión de La Llorona con frases adecuadas.

(1) _____ una mujer joven y bella. Tenía un

marido y dos hijos. (2) _____, unos soldados

mataron al marido. (3) _____ la mujer se volvió

loca y ahogó a sus hijos en el río. (4) _____ anda por las

noches lamentándose y gimiendo <<¡Ay, mis hijos!>>

Nombre _____ Fecha _____

10. Completa el cuento con el pretérito o el imperfecto de los verbos entre paréntesis.

Hace muchísimos años, un niño llamado Fernando (1) _____ (soler)

jugar debajo de un gran árbol cerca de su casa. Debajo de este árbol,

(2) _____ (vivir) unos gnomos, chiquitos en tamaño pero capaces de

hacer cosas maravillosas. El niño y los gnomos (3) _____ (ser) amigos

secretos. Un día, el padre del niño (4) _____ (querer) cortar el árbol para

hacer leña. Fernando le (5) _____ (rogar) que no cortara el árbol y

(6) _____ (prometer) que él iba a conseguir leña durante el invierno.

Entonces el niño (7) _____ (pasar) el invierno trabajando duro. Como

resultado del sacrificio realizado por Fernando para salvar su árbol, los gnomos le

(8) _____ (regalar) una gran esmeralda con poderes mágicos. Cuando

hubo una gran sequía y se perdieron las cosechas, Fernando (9) _____

(usar) la piedra encantada para comprar comida para todos en el pueblo. Así fue como la

bondad de Fernando (10) _____ (salvar) a su pueblo del hambre.

11. Escribe un cuento basado en los dibujos.
Escribe por lo menos cinco oraciones.
Incluye frases adecuadas para comenzar,
continuar y finalizar el cuento.

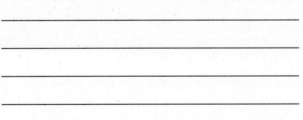

_____

_____

_____

_____

_____

_____

_____

_____

_____

_____

_____

_____

_____

Antes de ver

A. Escribe dos oraciones que describan el paisaje y el clima de la región en donde vives.

_____

_____

_____

Después de ver

B. ¿Qué región describe cada oración? Junto a cada descripción, escribe la letra de la región que le corresponde.

a. El Paso	b. Chile	c. México

_____ **1.** Hay muchos lugares rocosos, muchos arbustos y cactus.

_____ **2.** En el sur hay muchas selvas con monos y serpientes.

_____ **3.** En la zona sur cultivan muchas frutas.

_____ **4.** El cóndor y el güemul habitan el país.

_____ **5.** En esta región habita el correcaminos, un tipo de pájaro.

_____ **6.** El clima no es estable: un día hace mucho calor y al otro hace viento.

_____ **7.** El clima es tropical.

_____ **8.** En 1985 hubo un gran terremoto en donde murieron 30.000 personas.

_____ **9.** Hay terremotos pero no hay tornados o huracanes.

_____ **10.** No hay terremotos, tornados o huracanes.

C. Compara la región donde vives con una de las siguientes regiones: El Paso, México o Chile.

_____

_____

_____

_____

Vocabulario *en acción* 2

◆ Las palabras homónimas

◆ Las palabras homónimas pueden ser homófonas o homógrafas. Las homófonas tienen ortografía diferente y sonido similar.

ala extensión que sirve para volar	**¡hala!** interjección para animar
arroyo riachuelo	**arrollo** del verbo arrollar
balón pelota	**valón** belga francés
botar arrojar	**votar** elegir
callo endurecimiento de la piel, o del verbo callar	**cayo** islote
ola onda formada por el movimiento del agua	**hola** saludo
sierra cordillera, o herramienta	**cierra** del verbo cerrar

◆ Las palabras homógrafas se escriben igual pero tienen diferentes significados. Se puede conocer el significado a través del contexto.

caña de pescar	**caña** de azúcar
la **llama** de una fogata	ella **llama** por teléfono
la **marea** baja	mi hermano se **marea** en el carro
yo **remo** en el lago	con un **remo** de madera
el **sol** del mediodía	**sol,** la moneda de Perú
tienda de campaña	**tienda** de ropa
vela de un barco	**vela** de cera

12. Escribe la letra del significado correcto de cada palabra.

_____ 1. balón   **a.** una isla llana y arenosa común en el golfo mexicano

_____ 2. caña   **b.** movimiento de ascenso y descenso de las aguas del mar

_____ 3. marea   **c.** pelota grande usada en juegos

_____ 4. ola   **d.** superficie plana que sirve para sustentar algo en vuelo

_____ 5. arroyo   **e.** objeto cilíndrico, alargado y hueco

_____ 6. cayo   **f.** serie de picos montañosos

_____ 7. ala   **g.** un río muy pequeño en el que no se puede navegar

_____ 8. sierra   **h.** gran onda que se forma en la superficie de las aguas

ENFOQUE BÁSICO

13. Escribe la letra de la definición correcta del homógrafo subrayado.

_____ **1.** El carpintero usa una <u>sierra</u> para cortar la madera.
   a. herramienta   **b.** cordillera

_____ **2.** Me <u>río</u> cuando vamos de pesca.
   a. corriente de agua   **b.** del verbo reír

_____ **3.** Cuando hicimos ecoturismo en Guatemala, vimos una <u>cobra</u>.
   a. serpiente   **b.** del verbo cobrar

_____ **4.** Haz una <u>lista</u> con todas las cosas que necesitas llevar.
   a. inteligente   **b.** serie de palabras

_____ **5.** Antes no me gustaba bucear pero ahora <u>suelo</u> hacerlo todos los veranos.
   a. piso   **b.** del verbo soler

14. Completa el correo electrónico con los homófonós correctos.

Nuevo Mensaje

Archivo   Editar   Ver   Insertar   Formato   Herramientas   Mensaje   Ayuda

Enviar   Cortar   Copiar   Pegar   Deshacer   Deletrear   Adjuntar   Prioridad

A: _____

B I U A

(1) _____ (Ola/Hola) Ramón. ¿Adónde fuiste este verano?

¿Fuiste a los (2) _____ (cayos/callos) en la Florida o fuiste a

la (3) _____ (cierra/sierra) Nevada? Nosotros fuimos a un

bosque con un amigo de mis padres que es (4) _____

(balón/valón). Acampamos cerca de un (5) _____

(arrollo/arroyo) donde también pescamos. Había osos entonces no podíamos

(6) _____ (botar/votar) la comida; todo lo guardábamos en el

carro. Dimos tantas caminatas que me salieron (7) _____

(cayos/callos) en los pies. Yo (8) _____ (boto/voto) por ir a la

costa el próximo año, y en vez de caminar, volar con (9) _____

(ala/hala) delta.

Tu amigo, David

Gramática en acción 2

✦ El modo subjuntivo

◆ Los verbos tienen tres modos que reflejan cómo se siente el hablante con respecto a la acción. En el indicativo, el hablante ve la acción como un hecho real.

Marta **llega** mañana. Con el imperativo, el hablante expresa una orden.

¡No **llegues** tarde! En el subjuntivo, el hablante ve la acción como probable o irreal y la expresa con duda, reserva o deseo.

Espero que **llegue** pronto.

◆ El modo subjuntivo ocurre en cláusulas subordinadas (después de la conjunción **que**) y sus formas son dependientes de un verbo dominante. Si el verbo principal está en presente, el subjuntivo debe estar también en presente.

Quiero que te **pongas** crema protectora.

◆ El presente del subjuntivo se forma quitando la **-o** final de la primera persona del singular del presente del indicativo y añadiendo estas terminaciones a la raíz.

	Infinitivo en **-ar** **llamar**	Infinitivo en **-er** **conocer**	Infinitivo en **-ir** **decir**
yo	llam**e**	conozc**a**	dig**a**
tú	llam**es**	conozc**as**	dig**as**
usted, él, ella	llam**e**	conozc**a**	dig**a**
nosotros(as)	llam**emos**	conozc**amos**	dig**amos**
vosotros(as)	llam**éis**	conozc**áis**	dig**áis**
ustedes, ellos, ellas	llam**en**	conozc**an**	dig**an**

◆ Los verbos **ir** y **ser** tienen formas irregulares en el subjuntivo.

ir: **vaya, vayas, vaya, vayamos, vayáis, vayan**

ser: **sea, seas, sea, seamos, seáis, sean**

---

15. Marca una X al lado de las oraciones que contengan el subjuntivo.

_____ **1.** Mis amigos quieren que vayamos a la costa este verano.

_____ **2.** Estoy seguro que será muy divertido.

_____ **3.** Dicen que se puede volar con ala delta.

_____ **4.** Espero que podamos hacer windsurf.

_____ **5.** Alejandro prefiere que hagamos ecoturismo.

_____ **6.** Yo quiero que me prestes tus binóculos.

_____ **7.** Lleva también tu lintera y tu caña de pescar.

_____ **8.** Creo que pescaremos un tiburón.

_____ **9.** Ellos no quieren que sea aburrido.

Nombre _____ Fecha _____

Gramática
en acción 2

El presente del subjuntivo de verbos irregulares y de verbos con cambios en la raíz

◆ El subjuntivo se usa después de frases que expresan deseo como **Espero que, Quiero que** y **Ojalá que:** Ojalá que **llueva.**

◆ El presente del subjuntivo de los verbos que sufren cambios de la raíz entre **e ⟷ ie** y entre **o ⟷ ue** sigue el mismo patrón de diptongos que el presente del indicativo, con la excepción de los verbos en **-ir**, cuyas vocales cambian a **i** o **u.**

mentir: **mienta, mientas, mienta, mintamos, mintáis, mientan**
dormir: **duerma, duermas, duerma, durmamos, durmáis, duerman**

◆ Los siguientes verbos son irregulares:

estar: **esté, estés, esté, estemos, estéis, estén**
dar: **dé, des, dé, demos, deis, den**
saber: **sepa, sepas, sepa, sepamos, sepáis, sepan**
haber: **haya, hayas, haya, hayamos, hayáis, hayan**

◆ **¡OJO!** En el habla popular es común conjugar el verbo impersonal **haber** haciéndolo concordar con el sustantivo. *Ojalá que **hayan** muchos caracoles. Lo oficial es siempre conjugar **haber** impersonal en singular. Ojalá que **haya** muchos caracoles.

16. Completa las oraciones con el presente del subjuntivo de los verbos entre paréntesis.

1. Espero que _____ (ser) una isla bonita.

2. También espero que _____ (hacer) mucho sol.

3. No quiero que _____ (llover) mientras estemos allí.

4. Mis padres quieren hacer camping pero yo prefiero que nosotros

   _____ (dormir) en un hotel.

5. Ojalá que tú _____ (poder) venir con nosotros.

6. ¿Prefieres que nosotros _____ (bucear) o que

   _____ (volar) con ala delta?

7. Ojalá que no me _____ (sentir) enfermo durante el viaje.

8. Espero que _____ (haber) muchos peces porque quiero pescar.

9. Ojalá que mis padres me _____ (dar) permiso para hacer escalada deportiva.

10. Quiero que _____ (ser) las mejores vacaciones de mi vida.

ENFOQUE BÁSICO

Gramática en acción 2

◆ El tiempo futuro

◆ El tiempo futuro se usa para referirse a acciones futuras: Mañana **iremos** a la costa. También se usa para expresar probabilidades o suposiciones en el presente: ¿Qué hora **será?**

◆ El tiempo futuro de los verbos regulares se forma directamente del infinitivo, añadiendo las siguientes terminaciones (que son las mismas para los tres grupos verbales).

	Infinitivo en **-ar** **amar**	Infinitivo en **-er** **comer**	Infinitivo en **-ir** **vivir**
yo	amar**é**	comer**é**	vivir**é**
tú	amar**ás**	comer**ás**	vivir**ás**
usted, él, ella	amar**á**	comer**á**	vivir**á**
nosotros(as)	amar**emos**	comer**emos**	vivir**emos**
vosotros(as)	amar**éis**	comer**éis**	vivir**éis**
ustedes, ellos, ellas	amar**án**	comer**án**	vivir**án**

◆ El tiempo futuro de los verbos irregulares se forma añadiendo las mismas terminaciones a estas raíces irregulares.

caber: **cabr-**	poder: **podr-**	salir: **saldr-**
decir: **dir-**	poner: **pondr-**	tener: **tendr-**
haber: **habr-**	querrer: **querr-**	valer: **valdr-**
hacer: **har-**	saber: **sabr-**	venir: **vendr-**

17. Completa cada oración con la terminación correcta.

_____ 1. Mañana, mi familia y yo…

_____ 2. El paisaje…

_____ 3. Mis padres…

_____ 4. Yo…

_____ 5. Mi hermano mayor…

_____ 6. Tú…

_____ 7. Allí…

_____ 8. Vosotros…

a. será muy árido.

b. hará escalada deportiva.

c. irás a la montaña.

d. darán una caminata.

e. estará nevando.

f. podréis esquiar.

g. exploraré una cueva.

h. iremos al desierto.

ENFOQUE BÁSICO

Nombre _____ Fecha _____

18. Completa las oraciones con el tiempo futuro de los verbos entre paréntesis.

1. Durante el verano, tú _____ (trabajar) en un centro recreativo.

2. Yo _____ (ir) a la costa donde viven mis tíos.

3. _____ (haber) muchos turistas en la playa.

4. Allí yo _____ (poder) nadar y hacer windsurf.

5. Mis primos y yo _____ (salir) por la noche a bailar.

6. Me pregunto si _____ (estar) húmedo en la costa.

7. ¿Qué temperatura _____ (hacer) durante el día?

8. Mis padres no _____ (venir) porque tienen que trabajar.

9. Mi madre _____ (querer) que la llame por teléfono todos los días.

19. Vuelve a escribir las oraciones, cambiando los verbos al tiempo futuro.

MODELO   Buceé en el lago.   **Bucearé en el lago.**

1. Pesqué muchos peces. _____

2. Hicimos camping. _____

3. Viste una ballena. _____

4. Jugaron en la arena. _____

5. Fueron de compras. _____

6. Dijo la verdad. _____

7. Conociste el desierto. _____

8. Cayó granizo. _____

9. Pude ver lagartos. _____

10. Fue divertido. _____

20. Escribe lo que harás este verano. Si quieres, puedes inventar adónde irás, qué harás y cómo esperas que sea el lugar. Escribe por lo menos cinco oraciones.

_____

_____

_____

_____

_____

_____

¡Leamos!

El arquitecto del suroeste, Henry C. Trost

Henry C. Trost nació el 5 de marzo de 1860 en Toledo, Ohio. Llegó a El Paso en 1903 y junto con su hermano Gustavus Adolphus, formaron una compañía. Entre 1907 y 1930, Trost y Trost no sólo era una firma arquitectónica de mayor importancia en El Paso, sino también en todo el suroeste.

Influido por los famosos arquitectos Louis Sullivan y Frank Lloyd Wright, los diseños de Henry C. Trost dominan Nuevo México, Arizona y el oeste de Texas. Entre 1903 y 1933, él construyó más de 600 casas, apartamentos, tiendas, teatros, hoteles, edificios religiosos y hasta una cárcel. También diseñó más de 250 edificios escolares y universitarios.

Sólo en El Paso, Trost diseñó más de 200 casas y edificios. En 1908, construyó su hogar con $15,000 con un estilo que toma en cuenta el clima del suroeste.

En el centro, Trost y Trost construyó los primeros rascacielos y edificios grandes como el edificio Mills (1911), el hotel Camino Real (1912), el hotel Cortéz (1926) y la Torre de Bassett (1930). Trost es también responsable por los diseños de los colegios El Paso High School (1916) y Loretto Academy (1923).

Henry C. Trost murió en 1933 y la compañía se cerró años más tarde. La mayoría de sus edificios han resistido el paso del tiempo y siguen siendo símbolos de su dedicación a su profesión.

Comprensión

Según la lectura, indica si las siguientes oraciones son **ciertas** o **falsas.**

_____ 1. Henry C. Trost nació en Toledo, Iowa en 1860.

_____ 2. Trost fue influido por los famosos arquitectos Louis Sullivan y Frank Lloyd Wright.

_____ 3. Él diseñó y construyó un gran número de edificios y casas en Ohio, Nuevo México y El Paso.

_____ 4. Hoy día, la compañía Trost y Trost sigue abierta.

En tu opinión

1. ¿Por qué crees que Trost construyó tantos edificios y casas?

_____

2. ¿Por qué aún existen la mayoría de los edificios que construyó Trost?

_____

3. Trost diseñó diferentes estilos de edificios y casas. Si tú fueras arquitecto(a), ¿qué tipo de edificios te gustaría diseñar?

_____

¡Escribamos!

> **Estrategia para escribir** Un ambiente bien descrito incluye detalles vivos y concisos, establece el tono y el humor del cuento, y puede anticipar acontecimientos que sucederán más tarde. Por ejemplo, una tormenta puede sugerir conflicto y un lago tranquilo puede sugerir tranquilidad o felicidad.

I. Título

II. Ambiente
   a) Tiempo   **b)** Lugar   **c)** Detalles

III. Personajes

IV. Acción:
   a) Conflicto
   b) Clímax
   c) Desenlace

V. Punto de vista

Mi cuento

Este verano tú y algunos de tus amigos hicieron un viaje. Escribe un cuento corto sobre el viaje, creando un ambiente que establezca el tono y que anticipe algunos de los eventos. Incluye dos o tres personajes en tu narración.

1 Antes de escribir

Desarrolla un esquema como el del esta página y toma notas del ambiente, los personajes, la acción y el punto de vista. Primero piensa en el lugar y el tiempo donde ocurrirá la historia. ¿Adónde fueron este verano? Escribe detalles específicos para crear el ambiente. Por ejemplo, describe el clima y si la acción sucederá durante un fin de semana, en la mañana, en la tarde o en la noche. Luego, cuántos personajes vas a incluir con las características y la personalidad de cada uno. Ahora piensa en la acción. Recuerda que el conflicto es el problema que el protagonista tendrá que resolver y que el clímax es cuando la acción llega a un momento culminante. El desenlace es cuando se resuelve el conflicto. Finalmente, decide si vas a narrar en primera persona o desde la perspectiva de un personaje o del narrador.

2 Escribir un borrador

Usa tu esquema para escribir tu cuento. Usa imágenes como sonidos u olores, cuando estés describiendo el ambiente. Usa el pretérito y el imperfecto, y también palabras de enlace para que quede claro el orden en que sucedieron los hechos. No se te olvide de escribir un título para tu cuento.

3 Revisar

Lee tu borrador por lo menos dos veces. Revisa la ortografía, la puntuación y la gramática. Asegúrate que esté claro el orden de los hechos y cuál es el conflicto. ¿Crees que el ambiente que has creado captará la atención del lector? Puedes intercambiar tu borrador con un(a) compañero(a) de clase para revisar sus trabajos.

ENFOQUE BÁSICO

Capítulo
9 Un paso más

Antes de leer

«Flashbacks» Las escenas retrospectivas comunmente se llaman «*flashbacks*». A veces un escritor utiliza un «*flashback*», o narración retrospectiva, cuando interrumpe la acción principal para volver atrás y contar lo que ocurrió en el pasado o en una escena anterior.

Escenas del pasado. En el cuento *Canas verdes,* hay cuatro «*flashbacks*». Mientras lees el cuento, anota los «*flashbacks*» en los siguientes espacios en blanco.

1. _____
   _____

2. _____
   _____

3. _____
   _____

4. _____
   _____

◆ Vocabulario

Los diminutivos. Los **diminutivos** son sufijos especiales que se usan en español para darles ciertas connotaciones a las palabras. El diminutivo generalmente expresa pequeñez o cariño o las dos cosas: *el perrito, la casita.* El diminutivo también puede dar una connotación despectiva; por ejemplo, *un hombrecillo.* También se emplea para suavizar el significado: *Tuve un problemita.* Se usan los diminutivos con adjetivos y también con adverbios: *Es pequeñito. Anda despacito.*

Explica la connotación de los diminutivos en los siguientes casos. Si necesitas saber el contexto en el cual se presentan, búscalo en el cuento *Canas verdes.* Luego, escribe un diminutivo que usas tú en tu vida diaria y explica la connotación que tiene.

1. Dieguito _____

2. una mujercita de quince años _____

3. esa muchachita americana _____

4. _____

A. ¿Quién es la narradora del cuento?

_____

_____

_____

_____

B. ¿Quién es el centro de la narrativa?

_____

_____

_____

_____

C. ¿Cómo era Dolores cuando pequeña, según su madre? ¿Qué sentía qué siempre hacía Dolores?

_____

_____

_____

_____

_____

D. ¿Por qué llegó llorando Dolores de la escuela?

_____

_____

_____

_____

_____

Canas verdes

Siempre he dicho que esa niña me iba a sacar canas verdes. Desde píldora, siempre ha tenido sus propias ideas. Una vez se me olvidó ponerle el talco cuando le estaba cambiando los pañales y me dijo claramente, sin palabras, gesticulando con las manos y la cara, que se me había olvidado algo. No se calmó hasta que había rectificado el error.

Con Dolores siempre sentía que me estaba mirando, analizando, que estaba memorizando cada uno de mis movimientos y buscando el error, la imperfección, la anomalía[1], la contradicción. Dieguito nunca fue así. Él siempre estuvo feliz con lo que se le presentara: la comida, la ropa, los juguetes, las niñeras, los juegos. Dieguito ama al mundo y lo abraza. Dolores lo cuestiona y lo distancia.

Las madres sabemos. No es que queramos saber, es que estamos conectadas telepáticamente con todos los sentimientos y pensamientos de nuestras creaciones. Bueno, hasta cierto punto. Creo que a los siete años, más o menos, Dolores empezó a desconectarse de mí. Empezó a saber cómo disimular para proteger sus verdaderos pensamientos de mis rayos X. Esa separación me lastimó, aunque como madre sabía muy bien que iba a ocurrir y hasta me había preparado para la puñalada. Sin embargo, sentía que con Dolores, ese momento de independencia había llegado demasiado temprano. No sé por qué me sorprendió, ya que ella siempre había sido así. Caminó, habló y aprendió a leer y escribir bastante antes que sus compañeras.

Nunca sabía qué hacer con esa criatura. Un día llegó de la escuela con los ojos rojos y la cara destruida. Vi que había pasado unas cuantas horas llorando pero no pude sacarle la verdad. Tuve que hacer el papel de detective para descubrir que le habían dado una C en el mapa que había pasado semanas dibujando. Según la profesora, no había seguido las instrucciones al pie de la letra. La tarea era dibujar el mapa de los Estados Unidos. Dolores, con su afán[2] por la realidad y sus tendencias de perfeccionista, había incluido a México en el dibujo, algo que no le gustó nada a la profesora.

. . . .

1 irregularidad **2** deseo vehemente

—Mamá, ese mapa representa la realidad. ¿Cómo me pudo quitar puntos por dibujar lo que verdaderamente existe?

No le pude contestar. Su primer tropiezo con la injusticia la dejó sin confianza en las autoridades. Quería protegerla de todo lo doloroso en el mundo, pero sabía muy bien que lograrlo era fantasía de madre. Yo no quería que un incidente trivial con una profesora estricta le quitara su ambición, su modo de superar siempre las expectativas de otros. Para Dolores era genéticamente imposible ser ordinaria.

Cuando me anunció un día que no quería fiesta de quinceañera, que prefería guardar ese dinero para un carro o para la universidad, me partió el corazón en varios millones de pedazos. Era algo que yo siempre había querido para ella, una tradición familiar que yo misma le quería regalar. Pasar de muchacha a mujer enfrente de todos los que la aman, me parecía lo más bello que le pudiera pasar a una mujercita de quince años. Pero Dolores me explicó de manera muy clara que le parecía ridículo gastar tanto dinero en algo tan efímero[3].

—¡Mamá! ¡Tanto dinero! ¿Y para qué? ¡Un baile! ¡Una noche!

—Pero, hija, el recuerdo es para siempre.

—Mejor dame el carro. Me va a durar mucho más que el recuerdo.

Una de las cosas que siempre juré era que no iba a formar a mis hijos sólo como reflejos de mi personalidad. Tuve suficientes batallas con mi madre para olvidar ahora que lo que importa es fomentar[4] aquello que naturalmente existe en el ser juvenil. No presentarla a la sociedad a través de su quinceañera me costó muchas noches de angustia, pero por fin reconocí que Dolores tenía razón. Ese vestido de quinceañera reflejaba una fantasía mía, no la suya. Esa fiesta no era para ella, sino para mí. A veces odio la verdad pero nunca la eludo[5].

....

3 momentáneo, perecedero **4** promover **5** evito

E. ¿Qué costumbre mexicana rechaza Dolores?

_____
_____
_____
_____
_____

F. ¿Cómo se siente la señora Montemayor cuando su hija no quiere participar en la tradición? ¿Por qué?

_____
_____
_____
_____
_____

G. ¿Qué decide al final la señora Montemayor?

_____
_____
_____
_____
_____

Contesta las preguntas de **Comprensión** en una hoja aparte.

H. ¿En qué se parecen Dolores y su abuelo?

_____

_____

_____

_____

_____

I. ¿De qué se culpa la señora Montemayor a sí misma? ¿Por qué?

_____

_____

_____

_____

_____

J. A los quince años, cuando su papá le hizo una pregunta importante, ¿qué le interesaba más a la señora Montemayor?

_____

_____

_____

_____

Sé muy bien que todo este asunto de la videocámara me puso en una situación muy difícil. Dolores es la fotocopia de su abuelo. Quiere documentar el mundo que la rodea sin temer las consecuencias. Así era mi padre. No había nadie que lo disuadiera de sus creencias. Para él, la evidencia estaba en las imágenes. En el fondo, no podía creer que el acto sencillo de fotografiar algo que existía en la realidad le pudiera hacer daño. Ingenuo, quizás, pero más bien, terco. El paso de dinero entre manos sucias existía en el mundo, ¿por qué no documentarlo? ¿Por qué no enseñarle al mundo entero el comportamiento de sus líderes políticos?

Las decenas de psiquiatras que visité y que he seguido visitando en los años transcurridos[6] después de su muerte, me han dicho rotundamente, sin un momento de vacilación, que su muerte no fue culpa mía. Pero es la niña de quince años quien todavía me persigue…

—Hija, tengo una decisión muy importante que tomar.

—Sí, papá.

—¿Puedes cuidar a tu hermano mientras voy a la oficina a arreglar unas cosas?

—Sí, papá.

Recogió su maletín y empezó a salir. Tuvo un momento de indecisión. Echó el maletín al suelo y me dijo:

—Hija, ven acá.

Me acerqué a paso lento porque sentí la gravedad de su aspecto. Sin embargo, yo no tenía nada más en mi mente que el novio que me esperaba afuera, en el jardín. Quería acabar con este intercambio paterno lo más pronto posible.

—¿Crees en la verdad?

—Sí, papá, claro.

—¿Es importante que la gente sepa la verdad?

—Sí, papá, claro.

6 pasados

Salí al jardín a coquetear con mi novio. Mi hermano echando su siesta. Mamá y papá fuera de la casa. Yo, feliz.

Fue la última vez que lo vi.

Me han repetido millones de veces varios psiquiatras, psicólogos, curanderos y médicos, tanto hombres como mujeres, que un profesional de su inteligencia y de su posición, nunca, de ninguna manera, habría tomado una decisión tan importante basándose en las respuestas automáticas de una joven de quince años. Todavía no he logrado perdonarme.

Siempre pensé darle la videocámara a Dolores para su graduación, en un año. Sé que es imposible quitarle lo que es suyo, lo que le regaló su abuelo a través del ADN. Pero pensé que podía demorarlo. Un año nada más. El anillo era un premio de consolación.

—Cindy, ¿adónde vas con tanta prisa?

Nunca había visto a Cindy volar como lo hacía ahora y en esos tacones imposibles de manejar. ¿De qué se escapaba?

—No, nada, señora, es que si no me apuro, voy a llegar tarde a la cena, y usted sabe que a mi madre no le gusta recalentar la cena para nadie…

—Hija, cálmate.

El radar de la madre nunca falla. Aquí había gato encerrado. A veces esa muchachita americana se sentía como mi hija más que mi hija. Tenía los ojos superabiertos como si acabara de ver un fantasma. La reacción natural de madre: consolarla.

En ese momento entró Dolores. Cindy no tiene la fuerza para enfrentarse a Dolores Enojada. Se lanza hacia la salida, como un "jet-ski" de potente motor.

—¿Qué te dijo?

—Nada, hija.

—¿No te dijo nada del anillo?

—¿El anillo? ¿Qué pasó con el anillo?

Pobre Dolores. Se delató[7] sin quererlo.

. . . .

7 descubrió, inculpó

Comprensión

*Contesta las preguntas de **Comprensión** en una hoja aparte.*

K. ¿Creen los profesionales que visita la señora Montemayor que la muerte de su padre fue su culpa?

_____

_____

L. ¿Se ha perdonado ella a sí misma?

_____

_____

M. ¿Pensaba la señora Montemayor darle la videocámara a Dolores en el futuro?

_____

_____

N. ¿A quién trata de consolar la señora Montemayor?

_____

_____

O. ¿Qué piensa Dolores que Cindy le ha dicho a su mamá? ¿Tiene razón?

_____

_____

P. Es una hoja aparte, escribe cómo impactan la historia cada uno de los *flashbacks* que anotaste en la p. 225.

_____

_____

Nombre _____ Fecha _____

◆ ¿Qué piensas tú?

1. Describe en una o dos oraciones los sentimientos de la señora Montemayor hacia su hija.
Da ejemplos si puedes. _____

_____

_____

2. Ahora que sabes más de la historia del padre de la señora Montemayor, ¿crees que la señora
Montemayor tiene razón en no darle la videocámara a Dolores? ¿Por qué sí o por qué no?

_____

_____

_____

3. ¿Fué lógica la reacción de Dolores al ver a su madre consolando a Cindy? ¿Por qué sí o por
qué no? _____

_____

_____

◆ Ortografía

La diéresis

La **diéresis** sobre la letra **u** (**ü**) sirve para indicar que hay que pronunciar la **u** en las combinaciones **gue** y **gui**. Si la diéresis no se empleara en casos como *argüir*, la **u** no se pronunciaría, y
las sílabas **gue** y **gui** se oirían como en las palabras *guerra* o *guiño*.

    pin**güe**   pin**güi**no   **güe**ra   a**güi**ta   bilin**güe**

A. Escribe los siguientes verbos en la primera persona (yo) del pretérito como
en el modelo. Decide si las palabras llevan diéresis o no.

MODELO averiguar *averigüé*

1. apaciguar _____

2. pegar _____

3. atestiguar _____

4. aguar _____

5. pagar _____

6. guiar _____

7. amortiguar _____

8. madrugar _____

Nombre _____ Fecha _____

B. Escribe las siguientes oraciones de nuevo. Pon la diéresis en las palabras que la necesiten.

1. Me dio una verguenza que me viera en estas fachas.

_____

2. Estos niños todavía creen que es la cigueña la que trae a los niños.

_____

3. No pases por debajo de esa escalera, es mal aguero.

_____

4. Carlos parecía un pinguino con su traje de gala.

_____

5. En México a las personas rubias se les llama gueras.

_____

Gramática: Los mandatos formales

◆ Usa los **mandatos formales** (en el modo imperativo) con las personas que conoces como **usted** o **ustedes**.

◆ Para formar los mandatos formales, usa la forma **yo** del presente del indicativo menos la **-o**. Añade las terminaciones **-e/-en** a los verbos de **-ar** y las terminaciones **-a/-an** a los verbos de **-er/-ir**.

estudio	→ estudie (Ud.)	estudien (Uds.)
leo	→ lea (Ud.)	lean (Uds.)
escribo	→ escriba (Ud.)	escriban (Uds.)

◆ Ocurren los siguientes cambios ortográficos en la forma del mandato formal de los infinitivos que terminan en **-car, -gar,** y **-zar: c → qu, g → gu,** y **z → c.**

busco	→	**bus**q**ue(n)**
juego	→	**jue**g**ue(n)**
empiezo	→	**empie**c**e(n)**

◆ Los pronombres se colocan detrás de los mandatos afirmativos. Se colocan delante de los mandatos negativos. Acentos ortográficos indican donde cae el golpe antes de que se le añadan los pronombres.

¡Díga**melo**!   ¡No **me lo** diga!

UN PASO MÁS

A. El señor Álvarez está diciéndoles a sus hijos lo que pueden y no pueden hacer mientras están de compras. Completa sus oraciones.

1. ¡No _____ (tocar) nada!

2. ¡_____ (portarse) bien!

3. ¡No _____ (correr)!

4. ¡_____ (darle) el dinero!

5. ¡No _____ (gritar)!

6. ¡_____ (sentarse) en la banca!

7. ¡Mejor _____ (esperarme) afuera!

8. ¡No _____ (perderse)!

B. Imagina que trabajas en un parque zoológico. Usa la forma correcta del mandato formal y cualquier pronombre que sea apropiado para contestar las preguntas de los turistas.

1. ¿Podemos darles de comer a los animales?

No, _____

_____

_____.

2. ¿Podemos sentarnos debajo de esos árboles?

Sí, _____

_____

_____.

3. Para ver a los monos voy por este sendero, ¿verdad?

Sí, _____

_____

_____.

4. ¿Puedo jugar con la serpiente?

No, _____

_____

_____.

La vida profesional

Los recursos naturales

Es importante conservar los recursos naturales de nuestro país. Hay muchos trabajos que tienen que ver con la conservación de los recursos naturales. ¿Te interesan algunos? Añade todas las profesiones o puestos que puedas a la lista a continuación. En la segunda lista, escribe los nombres de algunos animales y plantas nativos a tu comunidad.

Trabajos en el área de conservación de recursos naturales

1. biólogos

2. meteorólogos

3. _____

4. _____

5. _____

6. _____

Animales y plantas nativos a tu comunidad

1. _____

2. _____

3. _____

4. _____

5. _____

6. _____

Ave en peligro de extinción protegida en el estado de Nuevo México

UN PASO MÁS

Nombre _____ Fecha _____

La vida profesional

Vamos a escribir

Busca en Internet esfuerzos de conservación en tu comunidad. ¿Hay programas
naturalistas en los cuales puedes participar como voluntario(a)? Escribe una carta a
uno de los programas que te interesan y trata de conseguir un puesto para trabajar en
la conservación de los recursos naturales en tu comunidad. Explica por qué eres
el (la) candidato(a) ideal para ayudar con la conservación de ese recurso natural.

Estimados Señores:

_____

_____

_____

_____

_____

_____

_____

_____

_____

_____

_____

_____

_____

_____

_____

_____

_____

_____

_____

UN PASO MÁS

Enfoque básico

 GeoVisión *Buenos Aires*

Antes de ver

A. Escribe una oración que explique si cada uno de estos lugares de Buenos Aires es un barrio, un teatro, un cementerio o una avenida. Añade los detalles que puedas.

1.   2.   3.   4.

1. _____

2. _____

3. _____

4. _____

Después de ver

B. Identifica cada foto en la Actividad A. Escribe el nombre correcto en los espacios en blanco. No hace falta usar todas las palabras del cuadro.

| La Boca | Colón | Dorrego | La Recoleta | Tortoni | 9 de Julio |

1. _____

2. _____

3. _____

4. _____

C. Empareja cada nombre con la descripción correcta.

_____ **1.** Caminito   **a.** Aquí vienen importantes figuras líricas y del ballet.

_____ **2.** Obelisco   **b.** Hay muchos artistas en esta esquina pintoresca.

_____ **3.** Plaza de Mayo   **c.** Eva Perón está sepultada en este cementerio.

_____ **4.** Teatro Colón   **d.** Es donde ocurrió la revolución contra los españoles.

_____ **5.** La Recoleta   **e.** Aquí la bandera argentina fue alzada por primera vez.

10

Vocabulario

◆ Los cognados y los calcos

- Los cognados son palabras similares en diferentes idiomas. Hay que tener cuidado de no confundir las ortografías.

Inglés	Español	Inglés	Español
tourist	**turista**	*roll*	**rollo**
information	**información**	*credit*	**crédito**
reservation	**reservación**	*telephone*	**teléfono**

- Los cognados falsos son palabras con formas similares en dos idiomas pero con significados diferentes.

INGLÉS	COGNADO FALSO	ESPAÑOL
apparent	aparente	**evidente**
relatives	relativos	**parientes**
application	aplicación	**solicitud**
library	librería	**biblioteca**
to attend	atender	**asistir**

- Los calcos son traducciones literales de expresiones en inglés. Un ejemplo común es "llamar para atrás" (*to call back*) en lugar de "devolver la llamada".

INGLÉS	CALCO	ESPAÑOL OFICIAL
ask for information	preguntar por información	**pedir información**
make a decision	hacer una decisión	**tomar una decisión**
it makes no difference	no hace ninguna diferencia	**lo mismo da**

1. Indica si cada par de palabras son **a)** cognados o **b)** cognados falsos.

_____ 1. map/mapa

_____ 2. target/tarjeta

_____ 3. incredible/increíble

_____ 4. library/librería

_____ 5. application/aplicación

_____ 6. tourist/turista

_____ 7. credit/crédito

_____ 8. attend/atender

_____ 9. apparent/aparente

_____10. parent/pariente

ENFOQUE BÁSICO

Nombre _____ Fecha _____

2. Completa las oraciones con las palabras correctas del español oficial. Consulta un diccionario si es necesario.

1. Necesitamos _____ (pedir/preguntar por) información.

2. En Buenos Aires se pueden sacar libros de la _____ (Librería/Biblioteca) Nacional.

3. Para ser un estudiante de intercambio, es necesario llenar una _____ (aplicación/solicitud).

4. Lucía va a quedarse con _____ (parientes/relativos).

5. Roberto tiene que _____ (hacer/tomar) una decisión entre visitar el museo

   o _____ (atender/asistir) al teatro.

6. Esperamos en el aeropuerto por _____ (mucho/largo) tiempo.

7. Javier _____ (se dio cuenta/realizó) que había dejado sus lentes en el café.

8. No _____ (había/tenía) sentido tomar un taxi.

9. Era _____ (aparente/evidente) que el castillo era muy antiguo.

3. Substituye los calcos y cognados falsos subrayados por palabras del español oficial.

1. Mis amigos <u>estaban supuestos a</u> estar aquí hace media hora.

   _____

2. El turista y el recepcionista tuvieron <u>un argumento</u> porque no aparecía la reservación.

   _____

3. Necesito encontrar una cabina telefónica para <u>llamar para atrás</u>.

   _____

4. En mi opinión, <u>no hace ninguna diferencia</u> pagar con tarjeta de débito o en efectivo.

   _____

5. Nosotros <u>tuvimos un buen tiempo</u> en La Boca.

   _____

6. El taxista <u>tenía malas maneras</u>.

   _____

7. En la oficina de turismo, nos preguntaron: <u>¿Cómo puedo ayudarlos?</u>

   _____

8. El piso del albergue juvenil era de madera y no había <u>carpeta</u>.

   _____

ENFOQUE BÁSICO

Gramática en acción 1

◆ El presente perfecto

◆ El presente perfecto expresa acciones o estados que comienzan en el pasado pero cuyos efectos llegan al momento del habla.

> Hasta la fecha no hemos tenido noticias de Rosa.

◆ Se forma el presente perfecto con el tiempo presente del verbo auxiliar **haber** y el participio pasado del verbo (la forma verbal que termina en **-ado** o **-ido**).

yo	**he comprado**
tú	**has comprado**
usted, él, ella	**ha comprado**
nosotros(as)	**hemos comprado**
vosotros(as)	**habéis comprado**
ustedes, ellos, ellas	**han comprado**

◆ El pretérito se usa para acciones finalizadas en el pasado. El presente perfecto se usa también para acciones que han terminado, pero cuya zona temporal (el día, el año, etcétera) no ha terminado. Por ejemplo, después de la frase **este año** (la cual indica que no ha terminado) se usa el presente perfecto.

> Este año **he viajado** mucho.

Si la frase es el **año pasado,** entonces se usa el pretérito.

> El año pasado **viajé** mucho.

4. Completa las oraciones con las formas verbales correctas.

1. El avión _____ (llegó/ha llegado) a las cinco de la tarde.

2. El taxista nos _____ (llevó/ha llevado) inmediatamente al hotel.

3. Todavía no _____ (compramos/hemos comprado) un plano de la ciudad.

4. Estoy emocionado porque desde niño _____ (quise/he querido) bucear.

5. El año pasado _____ (buceé/he buceado) dos veces en un lago, pero

   todavía no _____ (buceé/he buceado) en el mar.

6. Después del desayuno _____ (alquilamos/hemos alquilado) el equipo

   pero todavía no _____ (salimos/hemos salido).

7. Mi hermano le tiene miedo a los tiburones pero el guía dice que hasta la fecha ningún

   tiburón _____(mordió/ha mordido) a nadie.

8. Anoche no _____ (dormí/he dormido) mucho.

ENFOQUE BÁSICO

Nombre _____ Fecha _____

Gramática
en acción 1

◆ Los participios pasados irregulares

◆ Los siguientes verbos tienen participios pasados irregulares, o sea, no terminan en **-ado** ni en **-ido.** Hay otras formas irregulares que sólo funcionan como adjetivos (gente **despierta,** presidente **electo,** respuesta **correcta**). Para el presente perfecto se usan las formas regulares (han despertado, ha elegido, he corregido). Para formar los tiempos compuestos de los siguientes verbos sólo se usan los participios irregulares.

abrir → **abierto**	hacer → **hecho**	revolver → **revuelto**
cubrir → **cubierto**	morir → **muerto**	ver → **visto**
decir → **dicho**	poner → **puesto**	volver → **vuelto**
escribir → **escrito**	resolver → **resuelto**	

5. Completa las oraciones con el presente perfecto de los verbos entre paréntesis.

   1. ¿Por qué Horacio no me _____ (volver) a llamar?

   2. Mis peces de colores _____ (morir).

   3. Yo jamás _____ (probar) el gazpacho.

   4. Ya recalentamos la comida pero todavía no _____ (poner) la mesa.

   5. ¿Todavía no _____ (abrir) tú los regalos?

   6. ¿Quién _____ (decir) que no vienen muchos turistas?

6. Combina elementos de cada cuadro para escribir cuatro oraciones que digan lo que estas personas **jamás** han hecho. Usa el adverbio jamás y el tiempo presente perfecto.

yo tú los estudiantes nosotros	ver ir hacer conocer	el café Tortoni ecoturismo en los Andes una película de Eva Perón Patagonia

   1. _____

   2. _____

   3. _____

   4. _____

ENFOQUE BÁSICO

Gramática en acción 1

◆ El uso del subjuntivo para expresar consejos y opiniones

◆ Cuando el verbo de la oración principal expresa consejo (**aconsejar, recomendar, sugerir**) el verbo de la oración subordinada debe estar en el subjuntivo.

Te recomiendo que **lleves** tus gafas de sol.

Antonio sugiere que **compremos** un paraguas.

◆ Las frases impersonales que expresan una opinión también llevan el subjuntivo.

Es importante que…	**Es preferible que…**
Es necesario que…	**Es mejor que…**
Es preciso que…	**Es aconsejable que…**
Es urgente que…	**Es buena/mala idea que…**

Es importante que **lleguemos** temprano al aeropuerto.

Es mejor que **empieces** a empacar esta noche.

◆ **¡OJO!** Los verbos terminados en **-car, -gar, -zar, -ger** y **-guir** sufren cambios ortográficos en el subjuntivo: **c → qu** (que busque), **g → gue** (que lleguemos), **z → c** (que empieces), **g → j** (que recoja), **gu → g** (que sigan).

7. Escribe la letra de la frase que completa correctamente la oración.

_____ **1.** La guía turística _____ ustedes visiten el castillo.
     a. reporta que   **b.** recomienda que

_____ **2.** _____ nos hospedemos en una pensión.
     a. Es cierto que   **b.** Es preferible que

_____ **3.** _____ traemos mucho rollos de película.
     a. Es verdad que   **b.** Es mejor que

_____ **4.** El taxista _____ el acuario está muy cerca.
     a. dice que   **b.** aconseja que

_____ **5.** _____ Sonia llame por cobrar.
     a. Estoy seguro que   **b.** Sugiero que

_____ **6.** _____ pidamos información en la oficina de turismo.
     a. Es cierto que   **b.** Es aconsejable que

_____ **7.** El farmacéutico _____ consultemos con un médico.
     a. asegura que   **b.** recomienda que

_____ **8.** _____ el metro es rápido y barato.
     a. Es verdad que   **b.** Es preciso que

8. Escribe seis recomendaciones para los turistas que vienen a tu estado. Usa las frases del cuadro y los verbos dados.

Les recomiendo que	Es aconsejable que
Es mejor que	Es preferible que
Es mala idea que	Les sugiero que

1. ir de compras: _____

_____

2. probar: _____

_____

3. hospedarse: _____

_____

4. traer: _____

_____

5. ver: _____

_____

6. hacer camping: _____

_____

9. Para cada situación, da un consejo. Utiliza una expresión distinta en cada oración.

1. Tu amigo(a) quiere aprender francés.

_____

2. Tus primos no quieren quedarse en tu casa cuando vengan de visita.

_____

3. Yo quiero correr un maratón.

_____

4. Tú y tus compañeros de clase tienen demasiada tarea.

_____

5. Un turista no sabe dónde quedan los museos.

_____

6. Tu vecina quiere ser actriz.

_____

VideoCultura *Comparaciones*

Antes de ver

A. ¿Vienen muchos turistas a tu estado? ¿En qué estación vienen más? ¿Qué hacen?

_____

_____

Después de ver

B. En el cuadro a continuación, pon un ✓ junto a los lugares y las actividades que menciona cada persona en el video.

	Eugenia	Ricardo	Guillermo
museo			
teatro			
cine			
playa			
comer			
bailar			
esquiar			
salir por la noche			

C. Completa cada comentario con **Argentina, España** o **El Paso,** según las entrevistas en el video.

1. Gente de varias ciudades van a _____ en la temporada de fútbol americano.

2. Muchos turistas van a _____ en verano para disfrutar del sol y el mar.

3. _____ es el segundo destino turístico en el mundo.

4. Mucha gente va a _____ en invierno a esquiar en el sur.

5. Los turistas pueden visitar el Museo del Prado en _____.

6. Se recomienda que los turistas vayan a la Patagonia en _____.

7. En _____ hay platillos mexicanos que uno puede comer, riquísimos.

8. En _____, se puede aprender el tango en las calles.

D. ¿Cuál lugar te gustó más: Argentina, España o El Paso? Explica tu respuesta en un párrafo breve en una hoja aparte.

Vocabulario en acción 2

◆ Tono y registro en las cartas

◆ El tono y el registro representan el nivel de lenguaje que se adopta en las diferentes circunstancias sociales. En las cartas, el lenguaje informal se usa entre amigos e incluye expresiones coloquiales (no hay de otra), regionalismos (guay) y expresiones apocopadas (mija). En las cartas formales, en cambio, se nota el uso correcto de la ortografía y la gramática. Es importante distinguir cuando se debe usar el registro formal o informal, especialmente cuando se comunica con una persona de más edad o mayor rango social.

◆ Frases útiles en cartas para amigos o parientes

Querido(a)…:
Me alegró mucho recibir noticias tuyas.
A ver si podemos vernos pronto.
No sabes cuánto te extraño.
Con mucho cariño,
Muchos besos y abrazos de,

◆ Frases útiles en cartas formales o comerciales

Estimado(a) señor(a):
Distinguido(a) señor(a):
Reciba un cordial saludo…
Me dirijo a usted para preguntar…
Me complace comunicarle…
Atentamente,
Cordialmente,

ENFOQUE BÁSICO

10. Marca con una X las frases de registro formal.

___ 1. Te echo mucho de menos.

___ 2. Les agradecería me mandasen un folleto.

___ 3. Estimados Señores:

___ 4. Te cuento que lo pasamos cañón.

___ 5. A ver si podemos vernos pronto.

___ 6. Reciba un cordial saludo de mi familia.

___ 7. Le agradeceremos se ponga en comunicación con el señor Rojas.

___ 8. Bueno, mija, me despido.

11. Empareja cada expresión con una frase que corresponda en significado
pero que tenga un registro más formal.

_____ 1. Queridos amigos: **a.** Quedo a la espera de sus noticias.

_____ 2. No vas a creer lo que me pasó.   **b.** Sincero afecto de toda la familia.

_____ 3. Gracias por todo, compa.   **c.** Distinguidos Señores:

_____ 4. Todos acá te mandan saludos.   **d.** Le saluda atentamente,

_____ 5. Escríbeme pronto.   **e.** Le agradezco todas las atenciones.

_____ 6. Te abraza,   **f.** Me complace comunicarle que me gradué.

12. Completa la siguiente carta formal con las frases del cuadro.

Atentamente	Estimados	Me dirijo	Les adjunto
Les agradecería	Quedamos agradecidos		

1._____ Señores:

Nuestra clase de español planea un viaje a Argentina para el próximo verano. 2._____ a ustedes para solicitar
información sobre Tierra del Fuego.

3._____ me mandasen folletos, guías y
un mapa de la región. 4._____ un sobre
con nuestra dirección y con el franqueo pagado.

5. _____ por la ayuda.

6._____,

Ana María Romero

13. Imagina que estás de viaje en Argentina. En una hoja aparte, escríbele una
tarjeta postal a un amigo. Usa un tono coloquial.

Gramática en acción **2**

✦ El aspecto perfectivo y el aspecto imperfectivo

◆ Mientras que el tiempo verbal se refiere al pasado, presente y futuro, el aspecto indica si la acción se considera concluida o durativa.

◆ El tiempo pretérito tiene aspecto perfectivo porque describe el carácter terminativo de la acción. Se usa para referirse al comienzo o al final de una acción (Se **puso** a llorar. **Terminó** a las seis) o a un evento en su totalidad, aunque haya tenido una larga duración (**Vivió** toda su vida en Bariloche).

◆ El tiempo imperfecto tiene aspecto imperfectivo porque no indica si la acción terminó o se está realizando sino que la considera en su desarrollo. Se refiere a eventos o estados que se están o estaban desarrollando en un momento dado (**Nevaba** cuando salimos.), que se repetían habitualmente (**Veraneábamos** en la costa.) o que están aún por ocurrir (Dijo que iba).

14. Identifica el aspecto que expresa cada verbo: **a)** perfectivo o **b)** imperfectivo.

_____ **1.** José y Rosario se pelearon todos los días en sus vacaciones.

_____ **2.** Era un día típico: había niebla y lloviznaba.

_____ **3.** El tren salió a las tres y llegó a las cinco y media.

_____ **4.** Lucinda fue recepcionista desde 1985 hasta 2005.

_____ **5.** Cada verano, tomábamos un crucero y visitábamos las islas.

_____ **6.** Saltó en paracaídas, voló con ala delta y practicó esquí acuático.

15. Completa el párrafo con el pretérito o el imperfecto de los verbos entre paréntesis.

Cuando (1) _____ (levantarme) a las seis, me dije que ese día

(2) _____ (ser) a ser divertido. Y así lo (3) _____

(ser). En el autobús rumbo al parque nacional, me (4) _____ (hacer)

amigo de unas muchachas. Ellas (5) _____ (ser) chilenas y muy sim-

páticas. Durante todo el viaje, nosotros nos (6) _____ (contar)

chistes. Luego, en el parque, mientras nosotros (7) _____ (caminar),

(8) _____ (ver) un venado de cerquita. En ese parque,

(9) _____ (haber) muchos animales. ¡Fue un viaje increíble!

ENFOQUE BÁSICO

Gramática en acción 2

◆ El presente progresivo y el futuro

- ◆ El presente progresivo expresa que la acción se está desarrollando en el momento actual: Ahora **estamos cenando.** El presente progresivo se forma con los auxiliares **estar, ir, venir, andar, pasar** o **seguir** y el participio presente del verbo principal: **viene cantando, ando buscando, se pasa durmiendo.**

- ◆ Solamente se puede usar el presente progresivo con verbos cuyas acciones son durativas, nunca momentáneas.

- ◆ Es un anglicismo usar **estar siendo + participio pasado** (*Los planes **están siendo discutidos.**) en lugar de **se están + gerundio** (Se **están discutiendo** los planes.).

- ◆ El tiempo futuro expresa que la acción se realizará en el futuro. No importa si es en un futuro cercano o lejano. Algún día **iré** a Europa.

- ◆ El tiempo futuro también puede expresar probabilidad en el presente. **Serán** como las ocho de la noche. El futuro con el participio presente, indica lo que probablemente está transcurriendo en el momento del habla: ¿Qué **estarán haciendo** Luis y José?

16. Completa las oraciones con las formas verbales correctas.

1. Los turistas _____ (llegarán/están llegando) mañana.

2. El recepcionista no puede atendernos porque _____ (hablará/está hablando) por teléfono.

3. El próximo año _____ (nos hospedaremos/nos estamos hospedando) en una pensión.

4. Me pregunto qué _____ (harían/estarán haciendo) mis amigos en este momento.

5. Magda y Diego no están. Ellos _____ (esquiaron/andan esquiando) en Bariloche.

6. Es tarde. ¿Dónde _____ (estará/está siendo) Ricardo?

17. Completa cada oración con un verbo adecuado.

1. En este momento, yo _____.

2. En este momento, mis primos _____.

3. La próxima semana, mis amigos y yo _____.

4. La próxima semana, a esta hora, yo _____.

5. Me pregunto _____.

El subjuntivo

♦ El modo subjuntivo va después de la conjunción **que** cuando el verbo principal expresa duda, emoción, juicio, conjetura, posibilidad u opinión: Espero que nos **veamos** pronto.

♦ Has usado los siguientes verbos y expresiones con el subjuntivo.

querer que	recomendar que	es importante que
preferir que	aconsejarle que	es mejor que
esperar que	sugerirle que	es buena idea que
ojalá que	es necesario que	es urgente que

♦ Otros verbos y expresiones que llevan el subjuntivo son:

desear que	exigir que	insistir en que
oponerse a que	pedir que	prohibir que
rogar que	es una pena que	es curioso que
es normal que	es fantástico que	es sorprendente que

18. Completa las oraciones con el subjuntivo de los verbos entre paréntesis.

1. Es fantástico que tú y yo _____ (viajar) mañana.

2. Mis padres insisten en que yo _____ (hacer) la maleta ahora mismo.

3. Recomiendan que nosotros _____ (llegar) al aeropuerto temprano.

4. Yo prefiero que tú me _____ (recoger) en mi casa.

5. Es normal que _____ (sentirte) nervioso.

6. Te sugiero que _____ (acostarte) temprano.

7. Les ruego que _____ (peinarse) ahora mismo.

19. Completa las oraciones con una expresión de la presentación en esta página.

1. Mi hermana _____ la dejemos ir con nosotros.

2. _____ llevemos muchos rollos de película.

3. La aerolínea _____ no llevemos mucho equipaje de mano.

4. Mi madre _____ la llamemos.

5. _____ tengamos un buen viaje.

6. _____ todavía estén aquí.

7. Mis padres _____ salga tarde en la noche.

ENFOQUE BÁSICO

20. Mira el dibujo del parque nacional donde tus amigos van a hacer camping.
Completa las oraciones con tus opiniones. Si quieres, usa los verbos del cuadro.

| acampar |
| dejar |
| tener |
| llevar |
| poder |
| llover |
| pescar |

1. Les recomiendo que _____ porque
_____ .

2. Es importante que _____ porque
_____ .

3. Les ruego que _____ porque
_____ .

4. Es aconsejable que _____ porque
_____ .

5. Es una pena que _____ porque
_____ .

21. Imagina que uno de los amigos que está haciendo camping te llama por su
celular. Completa la conversación, usando las formas verbales adecuadas.

ÉL   ¡Hola! ¿Qué estás haciendo?

TÚ **1.** _____ .

ÉL   Aquí está lloviendo. ¿Qué sugieres que hagamos?

TÚ **2.** _____ .

ÉL   Buena idea. Hace una hora que no vemos al loco de Marco. ¿Qué estará haciendo?

TÚ **3.** _____ .

ÉL   Cuéntame lo que pasó hoy en el colegio.

TÚ **4.** _____ .

ÉL   Oye, ¿cuándo harás camping con nosotros?

TÚ **5.** _____ .

ÉL   Más vale. Bueno, chao. Te llamo mañana.

ENFOQUE BÁSICO

¡Leamos! El barrio San Telmo

El barrio San Telmo es uno de los más antiguos de Buenos Aires y fue nombrado por el santo patrón de los marineros, San Pedro González Telmo. Este barrio se encuentra entre El Centro y La Boca.

Originalmente, San Telmo era el barrio de los aristócratas. Pero cuando la epidemia de la fiebre amarilla llegó a Buenos Aires en 1871, los ricos se mudaron y se establecieron en lo que hoy día se conoce como el barrio Recoleta. Dejaron atrás mansiones que después se convirtieron en conventillos para los inmigrantes que llegaban a la ciudad.

En 1970, el gobierno de la ciudad decidió restaurar muchos de los edificios históricos de San Telmo. Hoy día, el barrio se caracteriza por su estilo bohemio y atrae a muchos artistas, bailarines y anticuarios.

La Plaza Dorrego en San Telmo es la más antigua de Buenos Aires. Rodeada de restaurantes, cafés, tiendas y salones de tango también es el lugar donde, todos los domingos, toma lugar la famosa Feria de San Telmo. La feria es conocida por sus mercancías de antigüedades y artesanía local, pero también se puede comprar artículos de cuero y plata. Además, cómo en muchas partes de Buenos Aires, es muy común ver a parejas de aficionados bailando tango por las calles.

El tango es tan popular que es casi imposible que te pierdas una demostración, porque si no es en un club, lo ves bailado en las calles.

Comprensión

Según la lectura, indica si las siguientes oraciones son **ciertas** o **falsas**.

_____ **1.** San Telmo fue nombrado por el santo patrón de los marineros.

_____ **2.** San Telmo era el barrio de los aristócratas hasta 1871.

_____ **3.** La Feria de San Telmo toma lugar en la Plaza Recoleta.

_____ **4.** La feria se especializa en vender artículos de cuero y plata.

En tu opinión

1. Por qué crees que el barrio San Telmo fue nombrado por el santo patrón de los marineros?

_____

2. ¿Cuál es el propósito de crear una plaza dentro de un barrio o de una ciudad?

_____

3. ¿Cómo se llama la plaza en tu ciudad y qué tipo de actividades puedes hacer allí?

_____

¡Escribamos!

Estrategia para escribir

Las conjunciones y palabras de enlace ayudan a que tu escritura sea más coherente y que tus oraciones sean más variadas y naturales. Las conjunciones como **pero, sino, y** y **o** se utilizan para formar oraciones más largas e interesantes. Las palabras de enlace como **además, por eso, también,** y **sin embargo** cumplen el mismo propósito.

Para combinar frases	
primero	lugar
finalmente	por fin
después	luego
no obstante	
en tercer lugar	
en primer lugar	
entonces	
en segundo	

Lo que he hecho	Lo que quiero hacer con mis padres	Mis recomendaciones
1. ir a un café	1. visitar las cataratas	1. Es buena idea que...porque...
2. hacer senderismo	2. ir al parque nacional	2. Es importante que...porque...
		3. Es mejor que...porque...

Una carta para tus padres

Imagina que estás estudiando en Buenos Aires por un semestre. Has recibido una carta de tus padres donde te dicen que te extrañan mucho y que quieren ir a visitarte muy pronto. Escríbeles una carta contándoles qué has hecho y dónde planeas ir con ellos cuando lleguen. También recomiéndales qué preparativos deben hacer antes de viajar a la ciudad y por qué.

1 Antes de escribir

Haz una lista de dos actividades que has hecho en Buenos Aires y dos actividades que te gustaría hacer con tus padres cuando vayan a visitarte. Luego escribe tres recomendaciones para tus padres para que les vaya bien en el viaje. Incluye por qué les haces esas sugerencias.

2 Escribir un borrador

Empieza tu carta con un saludo, diles cómo estás y cómo te sientes en Buenos Aires. Cuéntales qué has hecho últimamente. También diles cuáles son las dos actividades que te gustaría hacer con ellos cuando lleguen a la ciudad. Luego dales tus recomendaciones sobre los preparativos y explícales por qué. Finalmente, despídete de tus padres. No te olvides de usar conjunciones y palabras de enlace para combinar tus ideas y para que tu escritura suene natural.

3 Revisar

Lee tu borrador por lo menos dos veces. Revisa la ortografía, la puntuación y la gramática. ¿Te acordaste de usar conjunciones y palabras de enlace? Asegúrate que también empezaste y terminaste la carta apropiadamente.

ENFOQUE BÁSICO

10 Un paso más

Antes de leer

Estrategia

Elementos literarios. Para apreciar un texto, es importante reconocer los elementos literarios que usa el autor. Algunos elementos literarios son: **la caracteri-zación, el tema, el conflicto, el clímax, el desenlace, el punto de vista, el ambiente** y **el diálogo,** entre otros.

Definiciones. ¿Cuánto sabes de literatura? Completa las siguientes definiciones con el elemento literario correcto de la lista anterior.

1. _____ es el tiempo y lugar en que se desarrolla la acción de una narración.

2. Las técnicas que utiliza un escritor para crear a los personajes de una obra literaria se llama _____.

3. _____ es el momento culminante de un cuento, un drama o una novela que determina su desenlace.

4. El elemento central de un cuento, un drama o una novela es _____, o la lucha entre personajes o fuerzas opuestas.

5. _____ es la conversación entre los personajes de un cuento, una novela o un drama.

6. En _____ se resuelven definitivamente los conflictos.

7. _____ de una historia es la perspectiva desde la cual está narrada.

8. La idea principal de una obra literaria se llama _____.

◆ Vocabulario

Ejemplos. En los cuentos de los últimos siete capítulos la autora ha usado todos los elementos literarios mencionados en la actividad de arriba. En una hoja aparte, identifica en los capítulos 3-9 por lo menos un ejemplo de cada elemento literario.

1. el tema
2. la caracterización
3. el punto de vista
4. el ambiente

5. el conflicto
6. el desenlace
7. el diálogo
8. el clímax

UN PASO MÁS

A. ¿Quién es la narradora del cuento?

_____
_____
_____

B. ¿Qué hizo la señora Montemayor cuando supo de la venta del anillo? ¿Qué sentía ella hacia Dolores?

_____
_____
_____
_____

C. ¿Quiénes más sufrieron el disgusto de la señora Montemayor?

_____
_____
_____
_____

D. ¿Qué había hecho tío Sergio con el anillo?

_____
_____
_____

E. ¿Pudo competir en el concurso del Web Dolores?

_____
_____
_____

La verdad... como si fuera

> *Quienes estudiamos la historia como profesión sabemos muy bien que son muchas las verdades. Hay varios puntos de vista válidos acerca de un evento histórico… Así que creo que es mejor pensar que son muchas las verdades que constituyen el pasado, más que una sola verdad.*
>
> —*David J. Weber, historiador*

Mamá debió hacerse abogada. Ese día me interrogó hasta que me sacó todos los detalles de la historia, empezando con la venta del anillo y acabando con el lío con Javier. Como testigo de la defensa, pasé momentos espantosos tratando de pintar las escenas de una manera que me favorecieran a mí. En dieciséis años de vida, la verdad nunca me había dolido tanto.

Al principio mamá estuvo muy enojada conmigo, creo que aún más enojada que cuando le dije que no quería quinceañera. Mi pobre tío y madrina: ellos también sufrieron la tormenta materna de disgusto por no haber confiado en ella. Gracias a Dios que mi tío Sergio tuvo la sensatez[1] y la previsión[2] de guardar el anillo en vez de venderlo. No sé que habría pasado si no se le hubiera ocurrido quedarse con él.

Después de unos días deliberando mi sentencia, mamá se apaciguó un poco. Creo que papá tuvo algo que ver con eso. En vez de quitarme la cámara, me hizo conseguir un trabajo para pagarle los ochocientos dólares a mi tío. Pensé que me iba a prohibir competir en el concurso del Web, pero no, no lo hizo. Al contrario, insistió que tenía que acabar el documental para entregarlo a tiempo para el concurso.

Las mamás son muy sabias. Además de terminar el documental en menos de dos meses, también tenía que seguir sacando notas buenas en el colegio y

....

1 prudencia, discreción **2** premonición

todavía más, tenía que trabajar en la tienda de videos dos horas diarias durante la semana y cuatro horas diarias los sábados y domingos. Un pequeño error juvenil me estaba costando miles de horas de sueño.

Pero no me malinterpreten. No me estoy quejando. Todo lo que me pasó lo merecí, sin duda, y les debo disculpas a todos los personajes de esta historia que también tuvieron que pagar por mi error. Diggie, aunque en realidad me había ayudado, primero por haber distraído a mamá cuando estaba la cámara a plena vista sobre la cama, y luego por haber guardado silencio, tuvo que pagar por su chantaje. (¡Pobre Diggie! ¡Chocolates! A cambio de su silencio, fue todo lo que me pidió—¡chocolates!) La idea del chantaje le era tan repugnante a mamá que le quitó los patines, el walkie-talkie y la televisión por seis meses. El niño super-moderno tuvo que encontrar otras maneras más anticuadas para entretenerse, como leer revistas y jugar a las cartas. Sé cuánto sufrió.

Cindy y yo por fin hicimos las paces pero les tengo que decir que perdimos mucho tiempo (creo que pasó más o menos un año antes de que pudiéramos confiar totalmente la una en la otra) tratando de redefinir nuestra relación. Beto tuvo que pagar con ser mi asistente: tuvo que acompañarme para filmar todos los partidos de tenis, béisbol, básquetbol, fútbol y vólibol que podíamos grabar y también me tuvo que ayudar con la edición de todo ese metraje digital. Beto habría preferido pasar el tiempo en la playa o en los columpios, pero como mi coconspirador, tuvo que aguantar su parte del castigo.

Javier. Javier hizo lo honorable. Habló con su entrenador y juntos decidieron que no tenía más remedio que jugar el partido de nuevo. Hubo un escándalo en la prensa, pero Javier logró superar la presión y la humillación para ganar el campeonato de nuevo. Después de su victoria, nunca alzó la raqueta otra vez.

No gané el concurso del Web.

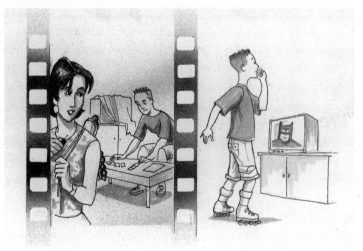

Bueno, la verdad es que así fue cómo desarrollé la historia de mi primera película, *La verdad... como si fuera*. No todo ocurrió exactamente como lo describo. Sí, mamá estaba furiosa conmigo, Diggie, mi tío y mi madrina. A mí

F. ¿Qué más tuvo que hacer como parte de su castigo?

G. ¿Qué le pidió Diggie a Dolores en cambio por su silencio?

H. ¿Cuál fue el castigo de Diggie?

I. ¿Se reconciliaron Dolores y Cindy? ¿Cuánto tiempo tomó?

J. ¿Cuál fue el castigo de Beto?

K. ¿Qué hizo Javier? ¿Cuáles fueron las consecuencias?

L. ¿Qué hizo Dolores con la historia?

me quitó la cámara y no me dejó competir en el concurso del Web. Tuve que trabajar muchas horas, pero no en una tienda de videos. Me hizo trabajar en un hogar de ancianos dizque para que aprendiera paciencia y la importancia de respetar la experiencia de los mayores. A Diggie sí le quitó sus comodidades modernas, pero sólo por tres meses. Con su imaginación ágil, no creo que lo haya afectado mucho.

Cindy por fin me perdonó pero me hizo sufrir con meses de silencio. Tenía razón, ¡debí haberle dicho desde un principio lo que estaba pasando entre Javier y yo! Una amistad sin sinceridad total no es amistad que valga, lección que no desaparecerá de mi conciencia muy pronto.

M. ¿Qué pasó en realidad con Dolores? ¿con Diggie? ¿con Cindy? ¿con Beto? ¿con Javier?

Entre Beto y yo empezó a haber un abismo[3]. Sentí su ausencia, pero en mi corazón sabía que yo nunca le iba a poder ofrecer la clase de relación que él quería. Cuando lo vi en el baile del colegio con Delia, no puedo mentir, sentí un golpe, pero al mismo tiempo, sentí un gran alivio. Verlo feliz no a mi lado me llenó de una sensación agridulce… quizás el germen[4] de otra película.

Y Javier. ¿Qué le pasó a Javier? En la película, hice que ganara el campeonato la segunda vez. Quería tanto recompensarlo por haber tomado el camino honorable: le explicó todo a su entrenador y se puso en una situación insoportable para un joven deportista—jugar humillado. No hay que ser guionista para saber ese fin: perdió.

N. ¿Cuántos años tiene ahora Dolores?

Todo eso fue hace mucho tiempo. Acabo de cumplir treinta y dos años. Mi madrina sigue siendo SuperMujer y mi tío es el CEO de una compañía "dot.com" muy exitosa. Diggie vive en Austin y trabaja para el primer gobernador hispano de Texas. Da discursos bilingües por todo el país. Javier se hizo

3 gran diferencia entre personas   **4** origen, causa

profesional y ganó dos o tres "Grand Slams". También fue el héroe del equipo de la copa Davis cuando ganó un partido muy importante contra Zimbabwe. Cindy está en Nueva York, diseñando zapatos de tacones para las modelos de Gucci, Versace y Donna Karan. Nos visitamos cuando la vida nos ofrece la oportunidad. Beto, no sé lo que le pasó a Beto, pero estoy segura de que está muy feliz con una familia numerosa y unos columpios espectaculares en su propio jardín.

¿Y yo? Ahora vivo en Los Ángeles. Hablo con mamá y papá dos o tres veces por semana. He viajado por todo el mundo haciendo películas. Varios de mis documentales han sido nominados para el Óscar, pero todavía no he logrado ganar ninguno de ellos. Nunca me quito el anillo.

Y ésa, ésa es la verdad… como si fuera.

O. ¿Ahora dónde están y qué hacen Diggie, Cindy, Javier y Beto?

_____
_____
_____
_____
_____

P. ¿Cuál es la profesión de Dolores?

_____
_____
_____
_____
_____

Q. ¿Qué objeto tiene todavía en su posesión desde los dieciséis años?

_____
_____
_____
_____
_____

R. Identifica el conflicto, el desenlace y el clímax de esta historia.

_____
_____
_____
_____
_____

◆ ¿Qué piensas tú?

1. ¿Qué crees que quiere decir el título del cuento y de la película que hizo Dolores? Explica en tus propias palabras. _____

_____

_____

2. ¿Qué piensas del final de la historia? Explica tu reacción. _____

_____

_____

3. ¿Crees que al final todo fue justo? Explica en tus propias palabras. _____

_____

_____

◆ Ortografía

Los infinitivos

◆ Aunque algunas formas verbales tienen diptongos en la raíz, los **infinitivos** de estos verbos no los tienen. Compara el infinitivo con la primera persona singular de los verbos que siguen:

pedir	pido	(e → i)
poder	puedo	(o → ue)
jugar	juego	(u → ue)
sentir	siento	(e → ie)

◆ Ten cuidado de no pronunciar ni escribir un diptongo en la raíz de un infinitivo. Compara las formas populares y oficiales de los siguientes infinitivos:

Formas populares	Formas oficiales
midir	*medir*
duermir	*dormir*
acuestarse	*acostarse*
empiezar	*empezar*
despiertarse	*despertarse*

A. Completa las siguientes oraciones con el infinitivo de los verbos subrayados.

1. Siempro <u>pierdo</u> las llaves del carro pero hoy no las voy a _____.

2. ¿Qué <u>piensas</u> de nuestra idea? ¿Necesitas más tiempo para

   _____ lo?

3. Normalmente Gerardo e Inés <u>vuelven</u> a las seis pero hoy van a

   _____ más temprano.

4. Sé que <u>almorzamos</u> los domingos a la una pero hoy tenemos que

   _____ a las dos.

5. Anoche <u>dormí</u> muy mal. Esta noche espero _____ mejor.

6. Qué lástima que <u>te sientas</u> mal del estómago. Vas a _____

   mejor cuando tomes el té.

7. Generalmente <u>llueve</u> mucho en julio pero este verano parece que no va a

   _____ nunca.

8. Tú nunca <u>sigues</u> las instrucciones de las recetas pero esta vez debes

   _____ las.

9. ¿<u>Se acuerdan</u> Uds. de nuestra bisabuela? A lo mejor no pueden

   _____ de ella porque eran muy jóvenes.

10. Aunque Marisol siempre <u>se despierta</u> tarde durante el verano, va a tener que

    _____ temprano cuando empiecen las clases.

◆ Gramática: Los mandatos de "nosotros"

◆ Para decir *"Let's …"* en español, usa **vamos a** + *infinitivo* o la forma de **nosotros** del presente del subjuntivo. Para decir *"Let's not…"*, usa **no** + *la forma de **nosotros*** del subjuntivo.

> **¡Vamos a comer** algo!   **¡Comamos** algo!
> **No salgamos** esta noche.   **No hablemos** de eso ahora.

◆ Usa **¡Vamos!** para expresar *"Let's go!"* y **¡No vayamos!** para expresar *"Let's not go!"*

◆ Coloca los pronombres detrás de los mandatos afirmativos y delante de los mandatos negativos. Nota el acento ortográfico.

> **¡Hagámoslo** hoy!   **¡No lo hagamos** hoy!

◆ Con el pronombre reflexivo **nos** en los mandatos afirmativos, quita la -s del verbo antes de añadirlo.

> **Quiero que nos sentemos.**   →   **Sentémonos.**
> **Quiero que nos levantemos.**   →   **Levantémonos.**

Nombre _____ Fecha _____

UN PASO MÁS

A. No quieres hacer lo que tu amigo quiere. Contesta sus preguntas en el negativo y luego haz tus propias sugerencias basadas en la información entre paréntesis.

    1. ¿Vamos al parque? (quedarnos en casa)

    _____

    _____

    2. ¿Comemos en un restaurante? (hacer un picnic)

    _____

    _____

    3. ¿Vemos una película? (ir a un concierto)

    _____

    _____

    4. ¿Estudiamos para el examen de francés? (escribir el ensayo para la clase de inglés)

    _____

    _____

B. Sugiérele a tu hermano(a) que ustedes dos hagan las siguientes actividades. Usa los pronombres adecuados.

    Modelo   comer el desayuno
    Escribes: *¡Comámoslo!*

    1. no mirar la televisión _____

    _____

    2. lavarse los dientes _____

    _____

    3. hacer la cama _____

    _____

    4. darle de comer al gato _____

    _____

    5. no pelearse _____

    _____

La vida profesional

El turismo

La industria del turismo abarca muchas profesiones, negocios y trabajos. Añade a la lista a continuación todos los negocios que apoyan o se benefician del turismo en tu estado.

Negocios asociados con el turismo

1. hoteles

2. agencias de viaje

3. _____

4. _____

5. _____

6. _____

Parada de reposo para turistas en El Paso, Texas

UN PASO MÁS

La vida profesional

 Vamos a escribir

Escoge un empleo en uno de los negocios que apuntaste en la lista de la página anterior. Investiga ese empleo por Internet o entrevista a personas que trabajen en ese negocio. Imagina que vas a solicitar un puesto ahí. Antes de ir a la entrevista, prepara una lista de tus habilidades, y de para qué el saber español te puede ser útil en ese trabajo. Luego, escribe un párrafo breve que explique tus ideas sobre el turismo y por qué te gustaría trabajar para aumentar el turismo en tu ciudad o estado.

Habilidades

_____

_____

_____

_____

_____

_____

_____

_____

_____

_____

Párrafo

_____

_____

_____

_____

_____

_____

_____

_____

_____

_____